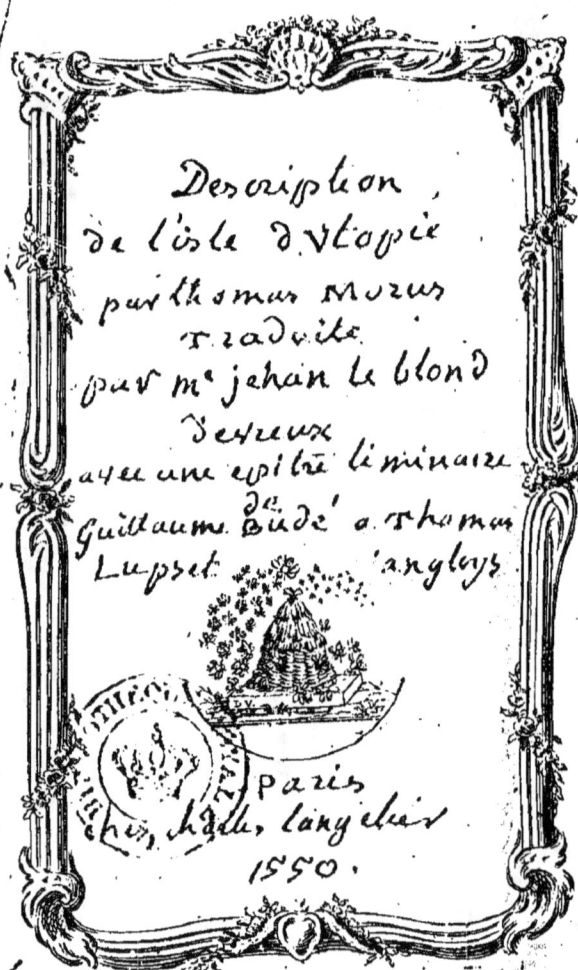

Description
de l'isle d'Utopie
par thomas Morus
traduite
par m° jehan le blond
Deureux
avec une epître liminaire
Guillaume Budé a thomas
Lupset anglois

Paris
chez Charles Langelier
1550.

(1)

LA DESCRI-
PTION DE L'ISLE D'VTOPIE

OV EST COMPRINS LE MIROER

des republicques du monde, & l'exemplaire de vie
heureuse: redigé par escript en stille Treselegant de
grand' haultesse & maiesté par illustre bon & scauant
personnage Thomas Morus citoyé de Londre & chã
celier d'Angleterre Auec l'Espistre liminaire compo-
sée par Monsieur Budé maistre des requestes du feu
Roy Francoys premier de ce nom.

[annotations manuscrites]

Auec priuilege.

Les semblables sont a vendre au Palais à Paris
au premier pillier de la grand'Salle, en la Bou-
ticque de Charles l'Angelier deuant la Chappel
le de Messieurs les Presidens.

1 5 5 0

Extraict des regi-
stres de Parlement.

14. 9bre 1549.

SVR LA REQVESTE preſentée a la court par Charles l'Angelier libraire de ceſte ville de Paris par laquelle il requiert luy eſtre permis par ladicte Court faire Imprimer & expoſer en vente vn liure intitulé la Deſcription de l'Iſle d'Vtopie ou eſt comprins le miroer des republicques du monde traduict de latin en Françoys auec les deffenſes accouſtumées. La court à permis audict l'Angelier faire imprimer & expoſer en vente ledict liure & faict deffences a tous aultres Libraires & Imprimeurs imprimer ou faire Imprimer iceluy liure iuſques a trois ans prochains venans ſur peine de confiſcation des liures qu'ilz feroient imprimer au contraire deſdictes defenſes & d'amende arbitraire faict en Parlement le quatorzieſme iour de Nouembre L'an Mil cinq centz Quarante & neuf.

Collation eſt faicte.

Du Tillet.

AFIN QVE TV NE PEN-
ses Ami que de mon priué & seul iugement ie t'ay mis en lumiere en nostre langue ceste description de l'Isle
d'Vtopie considerant comme il est
escript que l'homme ne se doibt ap-
puier sur son priué sens & prudence & aussi que au tes
moignage de deux ou de trois toute chose doibt estre
arrestée non content du seul tesmoignage de Thomas
Morus qui premier a redigé en latin ladicte descriptiõ
ie me suis grandement fondé sur ce que defunct de bõ
ne & immortelle memoyre mõsieur Bude en a dict en
vne epistre cy apres inserée, traduicte de latin en nostre langue par laquelle on peult congnoistre combien
iceluy tant pur & excellent iugement d'homme a estimé ce petit liure digne d'estre leu chose qui me sera,
comme i'espere enuers tout bon esprit argument suffi-
sant de n'auoir temerairement & sans conseil par priuilege dé la court de Parlement mis en lumiere ce liure en quoy duquel i'ay pretendu, comme de tout aul
tre mien labeur, faire chose qui soit a l'vtilité & profit
de la republicque.   A dieu.

O iii   S'ensuit

❧ S'enfuit ·la table

des chapitres du premier & second
liure de la defcription de l'Ifle
d'Vtopie & premiere-
ment.

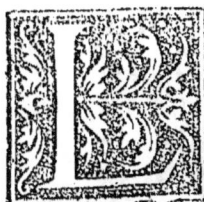

❧ Fin de la table des chapiftres fommaires contenuz en ce premier & fecond liure de la defcription d'Vtopie.

        Senfuit l'j
        -ifh·

GVILLAVME

BVDE A THOMAS
Lupfet Angloys.

ERTES TV ME
as faict grand plaifir, tref
docte Lupfet, quand en
m'offrant l'Vtopie de
Thomas Morus tu m'ad
uerti pour entendre a lire chofe delecta
ble & de grand fruict car comme ia pie
ca par prieres tu m'auois induict ce que
de mon naturel i'cuffe foubhaité, a lire
les fix liures de garder la fanté tranfla-
tez par Thomas Linacer medecin es
deux langues trefexcellét lefquelz entre les oeuures de Galien puis n'ague-
res il a mis en latin, tellement qu'il fem
ble que fi tous les oeuures de c'eft autheur que i'eftime comme toute la me
decine, eftoient auec le temps faictz latins, l'efcolle des medecins, n'auroit
grand befoing de la langue Grecque:
i'ay foubdain tellement couru icelluy
liure

liure ſuiuãt les originaulx dudict Thomas Linacer leſquelz tu m'as faict grãd
à mon biẽ grãd plaiſir de preſter, & par
icelle lecture auoir faict grand fruict:
mais ie le me promes encores plus grãd
de la publication du liure que mainté-
nant tu ſolicites diligemment es bouti
ques de ceſte ville me tenant de ce coſté aſſez ton obligé, voicy tu m'as baillé
comme pour accroiſſement de plaiſir
ceſte Vtopie de Morus homme fort ai-
gte d'eſprit recreatif & en l'eſtimation
des choſes humaines grand routier oũ
roturier moy eſtant aux chãps & ayãt
le liure en main auec le ſoing que ie pre
nois entour mes oeuures allant & venant, car comme tu as congneu & entendu voicy ceſtuy eſt le deuxieſme an
que ie ne ſuis fort occupé aux affaires
ruſtiques, iay eſté tellement affecté à la
lecture de ce liure quãt i'ay heu congneu
& penſé aux meurs des inſtitutions des
Vtopiens que quaſi i'ay interrompu &
meſmes delaiſſe le ſoulcy pourchas de
mes affaires domeſticques voyant que
l'art & induſtrie economicque qui ne
tend ſinon que a augmenter le reuenu

* iii　　eſt

eſt choſe vaine de laquelle Economicque il n'ya celuy toutesfois qui ne voye
& cognoiſſe que tout le monde en eſt
pouſſe comme d'vne fureur interieure
& naturelle tellemēt que peu ſ'en fault
que ie ne dye qu'il eſt neceſſaire de cō
feſſer que la giſt le but des loix legiti-
mes & ciuilz artz enſemble des diſci-
plines eſt affin que par induſtrie tāt en
uieuſe & tāt ſoigneuſe l'vn de ces deux
butz entre leſquelz ſe trouue commū-
naulté par droict de bourgeoiſie & meſ
mes quelquefois par droict de lignaige
pregne touſiours quelque choſe de
lautre attire ſurprégne, emporte, perde
deſbriſe, arrache, deface, gaſte, deſro-
be, pille & volle partie auec permiſſion
des loix, & en partie auec auctorité d'i-
celles choſes qui plus ont lieu endroict
les nations & perſonnes ou les droictz
que lon appelle ciuilz & canō ſont grā
dement maintenuz en court entre les
perſonnes qui cognoiſſent & ſcauent
les droictz que lō appelle ciuilz & lays
& d'egliſe il n'y a celui qui ne congnoiſ
ſe que maintenāt ſuyuant telles meurs
&

& inſtitutions ceulx la ſont eſtimez ſou
uerains en iuſtice & equité qui ſçauent
les moyens de ſe donner garde ou plus
toſt de ſurprendre & circōuenir les ſim
ples & qui ſont ouuries de formulaires
c'eſt adire ſurprinſes qui ſçauēt fermer
proces en choſes doubteuſes controu-
uées & renuerſées & delibercez & que
telles gens ſont ſeulement dignes de
donner reſolution de droiĉt & equité
iuſques voire meſmes qui pis eſt par
puiſſance & auĉtorité ordonner ce qu'il
fault q'vun chacun ay combien & iuſques à qu'ant ſe laiſſant ainſi tromper
& abuſer le iugemēt du ſens cōmū attē
du que pluſieurs aueugles des grandes
tenebres d'iguorāce eſtimēt que chaſcū
d'autant a bōne cauſe cōme le droiĉt le
veult ou bien qu'il eſt appuyé & fondé
ſur icelluy combien que ſi nous voulōs
examiner telz droiĉtz ſelō la reigle de
verité & larreſt de la ſimplicité euāgeli-
ꝗ nul n'eſt ſi groſſier qui n'ētēdę & nul
tant hors du ſens qu'il ne confeſſe que
au iourdhuy & des long temps ha le
droiĉt qui ſe faiĉt ſuiuāt les loys ciuiles

✳ iiii ꝫ &

& papales eſt auſſi different comme la
loy de Ieſuſchriſt & les meurs de ſes diſ-
ciples ſont differētes de l'oppinion de
ceulx qui penſent que les amas de Cre
ſus & de Mydas ſont le comble de felicité de ſorte que ſi maintenant tu vou
lois diffinir iuſtice ſelon les anciens au
theurs celle qui rend a vn chaſcun ce
qu'il luy appartient tu ne la trouuerois
en lieu du mōde ou bien ſi ie m'oſe per
mettre de dire fault que nous cōfeſſiōs
quelle eſt quelque eſcuyer de cuiſine
ſoit que tu prennes garde aux façōs de
ceulx qui ſont en l'authorité ou aux affections qui regnent parmyle peuple ſi
n'eſt qu'ilz vueullent maintenir que
droict eſt deſcendu d'vne naturelle &
egalle iuſtice du monde qu'ilz appellēt
droict de nature de maniere que d'autant plus lhomme eſt puiſſant d'autant
plus il ayt de biens. Et que d'autant que
plus il aura de biens plus auſſi ilz doibuent eſtre eſtime entre les hommes de
la eſt que voyons comme pour choſes
tenues de tout le monde que ceulx qui
ne ſçauent art deinduſtrie memorable
dont ilz puiſſent aider aultruy ont autant

tant de reuenu que vn millier d'aultre
& ſouuent autât que toute vne ville où
meſmes d'auantaige & ſont appellez
les riches & gens de bien & par honneur les magnificqu'es acquerent pour
ueu qu'ilz ſçauét les traficques des trai-
ctes & lart des contractz obligatoires
pour hypothequer les patrimoines des
perſonnes. A ceſte cauſe de telz temps
de telles inſtitutions de telles meurs de
telles gens il eſt arreſté ce eſtre le droict
que tant ſera l'homme de treſgrande &
auctorité que plus richement & ſum-
ptueuſement il aura faict baſtir ſes mai
ſons & luy & ſes heritiers & ce encores
d'autant plus que leurs nepueux & arriere nepueux auront de plus grâdz ac-
croiſſementz augmenté les heritaiges
qu'ilz auront eu de leurs anceſtres c'eſt
adire que d'autant que plus de long &
de l'arge ilz auront reculé deulx leurs
aliez, affins, couſins, & parens mais certes noſtre ſeigneur Ieſuchriſt côducteur
& moderateur des poſſeſſions à d'vn
grand exemple auctoriſe la Pithagoric
que communion & charité laiſſée entre
les ſiés quand de mort a eſté puny Ana
njas

nias par auoir violé la loy de communaulté en ce faict noſtre dict ſeigneur
Ieſuchriſt ma ſemblé abrogé entre les
ſiés ce qui eſt de tel droict ciuil & canõ
que nous voyons au iourdhuy eſtre tenu le refuge de prudence & gouuerne-
ment. Pourtãt l'Iſle d'Vtopie que i'en
tens auſſi eſtre appellée Vtopotie, ã d'v
ne merueilleuſe aduenture, ſi nous le
croyons, obtenu les couſtumes certes
chreſtiennes, & meſmes la vraye ſapien
ce & en publicq & en priué qu'elle a gar
dé iuſques a huy ſans y riẽ gaſter en re
tenant trois diuines inſtitutions : c'eſt
aſſauoir entre ſes citoyens equalité de
biens & maulx ou ſi tu aymes mieulx,
vne ciuilité du tout parfaicte: & yn con
ſtant & perſeuerét amour de paix & trã
quilité: & vn meſpris d'or & d'argét. qui
ſont trois, affn de ainſi parler, amortiſ-
ſemens de toutes fraudes, impoſtures
circunuentions, fineſſes & priuees trõ-
peries. Se ſeroit au grand accroiſſemét
du nõ de Dieu, que ces trois chefz des
loix Vtopiẽnes fuſſent de grandz cloux
de ferme & ſtable perſuation fichez es

sens

ſens de tous les hommes, nous verriõs
incontinent decheoir & perir orgueil,
conuoitiſe, contention enuieuſe, & quaſi tous aultres dartz mortelz de noſtre aduerſaire infernal, & vn ſi grand
amas de volumes de droict, eſquelz
tant de bons & ſolides eſpritz ſont dete
nuz & occupez iuſques a la mort, ſeront
abandõnez aux vers comme de neant,
& mis es arrieres bouticques. He dieu
immortel quelle ſainčteté des Vtopiés
a peu mettre diuinement ceſt heur que
auarice ny conuoitiſe en ſi long temps
nõt peu entrer ny faire repaire en ceſte
ſeule Iſle & de leur hõte meſchanceté
& impudence nont peu chaſſer dillec
iuſtice ny bannir, Sil plaiſoit a Dieu le
treſbon & ſouurain maintenant a nous
aultres, qui de ſon treſſacré nom rete-
nons le ſurnõ nous faire ce meſme biẽ
Certes tant deſpritz aultrement bons
& hault ne ſeroit deprauez & perduz
dauarice, ains a vn coup en ſeroit chaſ
ſée: & retourneroit le ſiecle doré de Sã
turne: quelcun certainement icy penſe
ra quil y ayt danger, que parauenture
Aratus & les anciens Poëtez nayẽt eſtre
trompez

trompez de leur opinion, quand ilz ont
péſé que lors que iuſtice partiroit de la
terre, ſe retireroit au cercle des douze ſi
gnes. Car il eſt neceſſaire qu'elle ſe ſoit
arreſtée en l'Iſle d'Vtopie, ſi nous croy
ons Hythlode⁹, mais ie trouue en y pre
nant de pres garde, que Vtopie eſt ſituée hors les bornes du monde, cõgneu,
qu'il eſt certes vne Iſle fortunée prochei
ne paraduenture des champs-Elyſées:
car Hythlodeus cõme teſtifie Morus,
n'a point encore donné de ceſte iſle la
certaine ſituation. Il a bien dict qu'elle
eſt diuiſée en villes, leſquelles toutes tẽ
dent en vne cité, qui ha à nom Hagno
polis de ſes obſeruances & bonnes en-
tretenuez d'Innocence heureuſe, tenãt
par maniere de dire, vne forme de viure
celeſte, ainſi par deſſus la ſage de ce mõ
de cõgneu, comme elle eſt deſſoubz le
ciel, Hatiuement & chauldement miſe,
a fin par tant d'entreprinſe zhumaines,
tant aſpres & incitées que vainnes & in
nutiles: no⁹ debuõs dõcques la cõgnoiſ
ſance de c'eſt Iſle a Thomas Mor⁹ qui
de noſtre aage a mis en lumiere vn exẽ
plaire d'heureuſe vie & vn arreſt de viure
                                    ainſi

ainſi qu'il dict inuenté de Hythlodeus,
auquel il attribue tout, lequel ainſi que
Hythlodeus a baſty la cité d'Vtopie, cõ
poſé leurdictes meurs & inſtitutions,
ceſt a dire, quil nous a de là emprunté
& apporté vn argument d'heureuſe vie
certes ainſi Morus a grandement en-
richy de ſon ſtile & eloquence la cité &
les ſainctes ordonnances, & a tolly &
dreſſé, Comme à vne reigle la meſme
cité des Hagnopolitains & y a adiouſté
toutes ſes choſes, deſquelles vn œuure
magnificque eſt decoré embelly & au
ctorité combié qu'en ce il ſ'attribue ſeulement l'office de redreſſeur comme ne
faiſant conſcience de ſattribuer le plus
fort de ceſt œuure: de peur que Hythlo
deus a bon droict ſe peult plaindre que
Mor' luy auroit laiſſé la gloire apres pre
mier en auoir prins l'honneur, il a certes
lieu pour que ceſt Hythlodeus apres a-
uoir ſemblé volūtier auoir démouré en
l'Iſle d'Vtopie, en fin fuſt marry &
prît a grāt grief, que Morus luy euſt laiſ
ſé la gloire de ceſte inuention defloree
& eſcheuee. Car ceſt vne choſe bien
decente que gens de bié & ſages ſoyēt
                                    ainſi

ainſi perſuadez. Mais certes le teſmoi-
gnage de Pierre Gilles d'Anuers (lequel
cõbien que ie ne vis iamais, toutefois ie
l'aime a cauſe qu'il eſtoit amy iuré d'E-
raſme, homme treſexcellent & des lettres ſainctes & profannes & de toute ſor
te treſbien merité & auec lequel des
long temps par lettres i'ay acquis vne a-
myable alliance.) eſt cauſe que i'adiou-
ſte foy a Morus homme de ſoy graue
& apilié de grande auctorité. A Dieu
Lupſet mon treſaymé & le plus toſt que
tu pourras ſoit de bouche ou par lettre
recõmãde moy a Linacer, qui eſt vne lumiere d'Angleterre quãt aux bõnes lettres, qui ne ſera comme i'eſpere moins
noſtre que voſtre, car certes il eſt vn hõme entre bie peu de ceulx auſquelz bie
voluntiers ſi ie puis ie me donne a con-
gnoiſtre, a cauſe meſmes que quãt il de-
meurroit icy il hãtoit bien fort auec
Iehan du Ruel mon bien aymé & auquel ie communiquoye de mes eſtu-
des, parce auſſi que ſur tout ie m'eſmer-
ueille de ſon excellẽt ſçauoir & exacte
diligẽce & m'efforce de l'eſuyure, ie deſire auſſy que cõme i'ay dit, de bouche

ou

ou par eſcript tu face mes recommãda
tiõs a Morus. Lequel ie penſe & croy
homme qui eſt ia enroullé au nombre
des plus ſçauantz a cauſe de l'V'opie
Iſle du no.uueau mõde, Ie layme & eſ-
merueille. Certes lhiſtoire de ceſte Iſle
ſera de noſtre aage & a noz ſucceſſeurs
comme vne pepiniere delegãtes &
vtiles inſtitutions deſquelles ilz pourront tyrer meurs pour retenir & ac-
corder chaſcun en ſa cité ie te
commande à Dieu. De Pa-
ris ce dernier iour de
Iulliet.

Extrait du Hortus Epitaphiorum ſelectorum
&c du mitié ſouuentir Guillebaud Paris
Gaſpar Mahiras, 1648, page 458.

y Epitaphes de Guillaume Budé
y pariſien, grant iuriſconſulte mort
y l'an 1540 et enterré à S. Nicolas des
y Champs, ſans nulle ceremonie
y nuict ſeruant ſ'y voulant
y Melin de Sainct Gelais qu'il eſgalit

Qui eſt ce corps que ſi grand peuple ſuit?
Las! c'eſt Budé au cercueil oſtendu
Que ne ſont donc les cloches plus grand bruit?
Son bruit ſans cloche eſt aſſés eſpandu.
Que n'a-t-on plus en torches deſpenſé
Suiuant la mode accouſtumée et ſainte?

afin

Dixain du translateur

à la louenge de la saincte
vie des Vto-
piens.

SI on veoit le poëte renaistre
  Qui escripuit les champs Elisiens,
Ie pense, moy, qu'il vouldroit descognoistre
Ce terme là, & diroit qu'es vers siens
Il auoit mis les champs Vtopiens;
Ie dy cecy, car quand bien on lyra,
Les sainctes meuts d'Vtopie, on dira:
C'est paradis au prix du lieu où sommes;
Touchant les gens on les estimera
Estre espritz sainctz plus tost que mortelz
  hommes.

I. Clement.　R. Hythlodeus.　Tho. Morus.　P. Gilles.

Les excellentz propos

QVE TEINT EN FLANDRES
vn singulier hôme nommé R A P H A E L
HYTLODEVS, Portugalloys, touchant
le bon regime, de la replublicque: Ensemble le
recit qu'il fit des meurs, Loix, Coustumes &
Pollice, Bié ordonnée des habitans d'Vtopie,
nouuelle Isle, n'a pas long temps trouuée,
& descouuerte: Aussi de la description d'icelle:
de laquelle n'auoit faict iamais mention aulcun Geographe au parauant. Le tout redigé

A　　par

par escript en stille treselegant de grãd
haultesse & maiesté . Par illustre , bon,
& scauant personnaige Thomas Morus Citoyén de Londres & Chan
celier d'Angleterre. Traduict
en langue Françoyse par
Maistre Iehan le
Blond d'E-
ureux.

NON SPOLIANT HYEMES

Thomas Morus.

INSI QVE LE ttesinuincible Roy d'Angleterre Henry huictieme de cé nom, autant decoré & orné de tout ce qui apartient à vn excellent prince, qu'il est possible, de nouueau auoit different auecques Charles trespaisible prince de Castille, pour vn affaire qui ne estoit de petite importance, pour faire appoinctement d'iceluy, il m'enuoia en ambassade en Flandres en la compaignie de Cuthbert Tunstal, homme imcompa rable, lequel il auoit faict n'y auoit lóg temps son premier secretaire, en la grande resiouis

Cuthbert Tunstal secretaire du Roy d'Angleterre.

A ii　　　sance

sance d'vn chascun : des louenges duquel ie
me tairay, non pas que i'aye crainéte que l'a-
mytié de quoy ie l'aymois ne puisse porter tes
moignaige fidele & entier, mais pource que
sa vertu & doctrine est plus grande, que mon
pouoir n'est de la scauoir bien celebrer & di-
uulguer : dauantaige elle est si congnue & clai
re par tout, qu'il ne m'est besoing de la plus
esclarcir : si ie ne vueil estre veu monstrer (com
me on dict communement) le soleil auec vne
torche.

Prouerbe.

℃ Ceulx à qui ledict prince de Castille auoit
donné charge de composer ledict negoce, e-
stoient tous gens d'excellence : Lesquelz vindrent au deuant de nous à Bruges (car il estoit
accordé) & entre autres si trouua le lieutenant de Bruges homme magnificque, estant
chef du party du prince de Castille : & Geor-
ges Tensicius preuost de Cassilete, qui debuoit faire la response, personnaige non seulement en son beau parler artificiel, ains naturel oultre cela estoit grand legiste, & pour
faire accords excellent ouurier, tant par son
bel esprit, que par coutume experience & v:

Pierre Gil saige.
les

℃ Or apres que nous fusmes deux foys trouuez ensemble, & que nous ne peumes accor-
der de quelques affaires, ilz prindrêt congé de
nous pour quelques iours, & s'en allerent à
Bruxelles pour scauoir la responce de leur
prince : Ce pendant ie me transporté à Anuers

uers (ainfi que l'opportunité fe donnoit) &
comme i'eftois en ce lieu Pierre Gilles natif
de ladicte ville, ieune perfonnaige de credit,
collocqué en honnefte lieu, (combien qu'il
euft encore mieulx merité) fouuent entre aul
tres me vint veoir, mais ie ne veiz homme de
quoy ie fuffe plus haicté.

Certes ie ne fcay fi ce ieune homme icy eftoit
plus docte que bien moriginé.

❡ Mais ie refpons qu'il eftoit trefbon & trefca
uant, courtois enuers tous, & fingulierement
enuers fes amys d'un coeur intentif, d'vne a-
mour, dvne fidelité, & d'vne affection tant pu
re, qu'a grand peine trouueroit on en tout le
monde perfonnaige comparable à luy en tou
tes fortes d amitié.

❡ En luy eftoit honte honnefte, qu'on ne trou
ue guere à gens d'Authorité. Il n'eftoit point
fainct, ains fimple & prudent, vn parler btief
& rond, vn propos tant facecieux fans nuyre
à perfonne, qu'il me diminua pour la plus
grande part de fon amoureufe frequétatió &
doux entretien, le defir que i'auois de reuoir
mon pays, ma maifon, ma femme, & mes enfantz, de quoy i'eftois en grand ennuy, car il y
auoit plus de quatre mois que i'eftois ab-
fent.

❡ Or cóme quelque iour i'eftois en l'eglife de
noftre dame, (qui eft vn fort beau temple,
bien honoré & frequenté du peuple) pour il-

lec ouyr la meſſe,à la fin de la meſſe prepa-
rant mon retour à mon hoſtellerie,de hazard,
i'aduiſay ledict PierreGilles qui deuiſoit auec
quelque amy eſtrangier,qui eſtoit deſià aagé,
ayant le viſaige haſlé , longue barbe , & ſon
manteau pendant de deſſus ſes eſpaules aſſez nôchalanmēt,qui à ſon habit & víaire me
ſembla eſtre vn Marinier.Or quāt Pierre Gilles eut iecté loeil ſus moy il me vient ſaluer,
& ainſi que ie me diſpoſois à luy reſpondre, il
me rōpit vn peu ma parolle,diſant. Amy vois
tu ce perſonnaige la(me monſtrant celuy a-
uec lequel ie lauois veu parler) ie le vouloys
mener á ton hoſtellerie. Pour lamour de toy,
diſie,il euſt eſté le treſbien venu:Mais dit il ſi
tu le cognoiſſois pour lamour de luy tu luy
euſſe faict bon recueil. Certes entre les viuantz il nya homme mortel,qui pour le iourdhuy te ſceut autant narrer dhyſtoires dhom
mes & terres incongnues comme il fera:de
quoy ie te cognois eſtre fort deſireux douir
telles choſes. Ie nauois donc point mal deui
né car des que ie le vey ie iugay que ceſtoitvn
nautonnier:Tu eſtois bien loing de ton compte dict il: Bié eſt il vray que ceſtuy a eſté ſus
la Mer non comme Palinurus , mais comme
V lixes,ou comme Plato.
Il ſe nomme Raphael,& le ſurnom de ſa race eſt Hythlodeus, perſonnaige non indo-
cte en la languē látine,en grec treſcauant,où
il a plus eſtudié qu'en latin, pour ce qu'il
ſ'eſtoit

f’eftoit totalement adonné à philofophie :
car on ne trouue entre les efcripz latins
touchãt Philofophie, chofe qui foit d’efficace,
fors quelque chofe qu’a faict Senecque &
Cicero.

℃ Doncques ceftuy Portugalois à delaiffé
tout ce qu’il luy pouoit apartenir de fon pa-
trimoine à fes freres, & pour la bonne enuie
qu’il auoit de veoir le monde f’eft aconpai-
gné Daymery Vefpuce, & à efté toufiours fon compagnon au troys derniers de
ces quatre Nauigaiges quon lit maintenant
çà & là: fi non quau dernier il ne reuint point
auec ledict Aymery.

✳ Il le pria, tant & importuna quil fuft du
nombre des vingt & quatre conpaignons,
qui auoient efté delaiffez en Caftille pour faire le quatrieme Nauigaige.

Doncques ceftuy Raphael demeura auec lef
dictz compaignons, affin quon obeift à fa fan
tafie, lequel eftoit plus foucieux de fa pere-
grination, que du lieu où il pourroit eftre en-   Apothe-
fepuely, ayant continuellement en la bouche   mes.
ce mot. Celuy qui na point de tombeau pour
couurir fes os, il a le ciel pour couuerture.
Dauãtaige difoit quil ny auoit point plus lõg
chemin du fondde la Mer iufqués en Paradis,
que du coupeau de la terre ou aultre lieu.
Certes fi Dieu ne luy euft bien aydé, fa
fantafie luy euft coufté bien cher.

℃ Or apres qu'il fe fut departy d'auec vefpuce, auec cinq Caftillans fes compaignons, il
paffa par tout plein de regions: finalement
de merueilleufe fortune fut porté en l'Ifle de
Taprobane, puis paruint en Calicquut, ou il
trouua bien apoinct quelques nauires de Por
tugalloys, qui oultre fon efperance le Repor
terent en fon pais de Portugal.

℃ Apres que ledict Pierre m'eut dit ces chofes, ie le remercié de m'auoir faict ce bien d'a
uoir eu ceft efgard, que i'euffe le plaifir d'ouir
les propos de ceft homme, lefquelz, il efperoit
m'eftre agreables. Ces chofes faictes ie me
tourne vers Raphaël, puis apres que nous euf
mes falué l'vn l'aultre, & tenu les deuiz qu'õ
a acouftumé de tenir à L'arriuée, quand on
faict la reuerence à quelque amy, nous tran-
fportames à mon logis, de la nous allafmes
feoir au iardin fus vn fiege qui eftoit faict
d'herbe, & commeçames a deuifer: entre aul
tres chofes ledict Raphaël nous compta qu'a
pres que Vefpuce fut party, Luy & fes compai
nons de quoy l'ay parlé deuant, qui eftoient
demeurez en Caftille, paruindrent en tout
plein de pays eftranges, & comme petit à pe
tit en parlant doulcement auec les gens defdictz pays fe donnerent à cognoiftre, de forte
que maintenant fans dangier familierement
conuerfent auec ledict peuple.

℃ D'auantaige nous dit comme il entrerent
en la

en la grace de quelque prince, dont i'ay ou-
blié le pays & le nom, par la liberalité duquel
leur eftoient miniftréz viures, & toutes aultres chofes requifes a faire le voyage de luy
& de cinq fiens comqaignons. Quand ilz fe
mettroient fur terre il leur faifoit bailler chariot pour les porter, puis quãd eftoit befoing
de fe mettre fur l'eau ilz vfoient de nauires.
Oultre leur eftoit toufiours baillé certaine
& fidele guide de par ledict prince qui les cõ
duifoit aux aultres princes, & les recomman-
doit.

℀ Or apres auoir cheminé plufieurs iours,
dit qu'ilz trouuerent quelques villes & cité
fort peuplées, & affez bien regies & riglées
foubz la ligne de l'Equinoxe deca & dela,
des deux coftez, autant que la voie du Soleil
peut quafi comprendre d'efpace, ce ne font
que grandz defertz bruflez de chaleur continue, de tous coftez y a vn regard, & vne appã
rence de chofes triftes, horribles, fans culture
& ordre: le tout habité de beftes cruelles, fer-
pentz, ou hommes, qui ne font certes moins
cruelz & dangereux que lefdictes beftes.

℀ Puis nous dit ledict Raphaël que quand fu
rent paffez lefdictz defertz, & pays inhabité,
trouuerent vn pays qui petit à petit chan-
geoit, & fadoulciffoit : lair en ce lieu eftoit
moins afpre, la terre doulce & ioyeufe de
verdeur, les animaux plus humains. Finalement on vient à trouuer peuples, villes & citez,

rez,ou fe demenent marchandifes & traficques,non feulement entre les voifins,ains a-
uec les nations fort eflongnées & feparées ,
tant par Mer que par terre. Par quoy ilz eurent liberté & puiffance devifiter maintes ter
res,tant dedans que dehors ledict pais, & mef
mes nulle nauire neftoit dreffée & equippée à
quelque naufgaige que ce fuft , ou luy & fes
compaignons ne fuffent receuz de bien bon
coeur. Aux premieres Regions ou ilz entrerent,les nauires eftoient faictes à fond de cu-
ue,& auoient les voiles treffées de Ioncz, Ro
feaux,& aultre bois mol &flexile comme bou
leau, couldre , Ozier & autre femblable:
en aultres endroictz les Voiles eftoiet de cuir
Puis trouuerent aultres Nauires,dont le fons
eftoit en aguifant, & les voiles de Chanure,
toutes femblables à celles de noftre pais.Les
Pilotes fe recognoiffoient trefbien aux eftoi-
les,& à la mer auffi.

*Mais il comptoit,que merueilleufement ilz
laymoient,pour ce quil leur donna à cognoiftre comme il failloit vfer de la pierre de Ma
Bouſſoll.
gnes,de quoy eftoiet ignorátzau parauát,pour
tát quand fe mettoient en la mer ceftoit auec
craincte, & ne fi ofoient expofer fors quafi
quau temps defté , mais maintenant pour la
confiance quilz ont de cefte pierre,ilz ne crai
ghent à nauiger,mefmes en yuer,ne fe fou-
ciahtz du peril,affin que cefte chofe qui eftoit
eftimée par eulx leur eftre à laduenir vn
grand

grand bien,icelle mefme ne leur foit caufe de
grands maulx par leur imprudence.

Dexplicquer tout ce quil difoit auoir veu en
chacun lieu,la chofe feroit lōguē,puis ce neft
pas ce que iay entreprins en cefte oeuure,
nous reciterons poffible cela à vn aultre endroit,& fingulierement ce quil fera vtile de
ne meĉtre en oubly, commē les chofes que
ledict Raphael auoit veuues chez maintz peu
ples viuantz ciuilement, lefquelles eftoient
prudentement & droictement adminiftrées
& regies.

✻Nous enquerions curieufement de toutes
ces befongnes la,& ledict Raphael nous en
comptoit ioyeufement & voluntairement.

Point ne fut queftion de linterroguer des mō
ftres qui pouroient eftre en icellēs regions,
car il neft rien moins nouueau,pour ce quon
trouuera prefques en tous lieux des Scillés,
des Celenes rauiffaintz, des Leftrigons man
geurs de peuples, & telles manieres de
cruelz monftres,mais de citoiens bien morigi
nez,& faigemēt inftruictz,on né trouuera pas
par tout.Quand au refte ainfi quēn fon recit il
toucha de maintes chofes mal menées en ces
terres Neufues,auffi recita il de maintes befongnes ,dont on pouuoit prendre exemples
idoines pour corriger les abuz des villes ,na-
tions,pays & Royaumes de pardeca , dequoy
iepleray(cōme iay dict à vn aultre lieu.)Maitē
nāt mō intétiō eft feulemēt reciter les chofes
                                                        quil

qu'il racomptoit de la maniere de viure, bon
regime, & belle police des Vtopiens, combiē
que l'aye faict ce petit preambule deuant allegué, par lequel ie suis finalement paruenu à
faire mention de leur republicque.

℃ Or apres que Raphael eut tresprudente-
ment faict narré des abuz qui se commetoiēt
ça & la, en tous lieux beaucoup, & pareillement des choses que nous gardons, & qu'ilz
gardent aufsi sagement & discrettement, en
l'oyant cōpter vous eufsiez dit qu'il eust ves-
quu toute sa vie à tous les pays ou il auoit
esté tant scauoit biē les meurs, coustumes, &
loix d'un chascun. Adonc pierre s'esmerueil-
lant de cest homme dit, Certes amy Raphaël
ie m'esbahy que tu ne te metz auec quelque
roy ou prince, ie n'en cognois aulcun de qui
tu ne fusses bien aymé, consideré que tu pour
rois non seulemēt par ta doctrine, & cognois
sance de tant de pays & nations que tu as
veuz, leur donner passetemps, ains aufsi les in
struire d'exemples, & ayder de ton conseil.
En ceste maniere tu pouruoirois tresbiē à tes
affaires, & ferois tous tes parētz riches. Quād
est de mes affins dit il. ie nē suis pas beaucoup
esmeu, car i'ay faict mon debuoir enuers eulx
asséz suffisamment, & moy estant encore jeu-
ne, en pleine santé, & dispos, ay departi mon
bien à mes parentz & amis, ce que ne font
communement aultres personnages, si non
quand ilz sont vieilz, ou mallades ; qui ne delaissent

laiffent leurs biens, fors quand ne les peuuent
plus retenir. Pourtant mes parentz & amys
ont occafion de fe contenter de cefte mienne
liberalité enuers eulx, & pour l'aduenir qu'il
ne penfent pas que ie me mette en la feruitude des princes & Roys pour leur amaffer
des biens.

⤷ Voyla de beaux motz (dit Pierre) Certes
mon propos n'eft pas que tu les ferues , ains
que tu leur aydes & donnes confort, c'eft cóme ie l'entens, en quelque forte que tu prei-
gnes la chofe, voyla la voie cóme tu peux pro
fiter à aultruy. non feulement en particulier,
ains publicquement: d'auantaige ton eftat &
condition en feroit plus heureux, ia ma condi
tion nen feroit mieulx fortunée(dit Raphaël)
par cefte voie, pour ce que mon cœur y repu
gne, & puis ie vis en liberté & a mon plaifir,
ce que gueres de gros Millortz ne font.

⤷ C'eft affez aux princes & Roys de fe feruir de ceulx qui defirent fur toutes fins paruenir à grand puiffance & auoir leur amitié,
ne penfe pas qu'ilz eftiment auoir grand perte, quand ilz feront priuéz d'un tel homme
que moy ou de mes femblables. Lors Ie com
mence à dire , il eft bien manifefte amy Raphaël, que tu n'es pas grandement couuoi-
teux de richeffes, & hault eftat.

⤷ Certes ie ne prife & honore pas moins vn
homme de ta fantafie que le plus gros feigneur d'entre eulx. Quand au refte il me
                                    femble

femble que tu ferois chofe digne & conuenable à toy,& à ton tant noble & vray philofo-
phicque couraige, fi tu te difpofois à applic-
quer ton engin & induftrie à la republicque,
combien qu'en ta perfonne tu y enduraffes &
foufftraffes quelque incommodité & repugnā
ce, laquelle chofe tu ne poutrois faire auec
plus grand fruict, que de te condefcendre à
eftre confeiller de quelque grand prince, ce
que ie cognois que tu ferois bien, & luy per-
fuader chofes honneftes & droicturieres. Ve
ritablement la fource de tous biens & maulx
redonde du prince au peuple,ainfi que d'une
fontaine continue & perdurable. En toy repofe & gift doctrine tant parfaicte & accom-
plie,& fi grande cognoiffance des chofes,que
fans grand vfaige & enfeignement tu pour-
rois faire l'office d'vn excellét fenateur royal,
Tu faulx en deux manieres (dit il) amy Mo-
rus:premierement en moy, puis en la chofe
mefme,car ie n'ay pas la puiffance que tu me
donnes,& fi elle eftoit en moy,(combien que
ie ne fcarois en rien aduancer le bien publicque) i'apporterois ennuy & fafcherie à mon
eftude,& tranquillité de penfée. Ne cognois
tu pas que les princes prefques tous,plus voluntairement f'occupent aux exercices bellic
ques(ou ie n'entends rié, & ne defire y rié co
gnoiftre)qu'aux bós artz de paix, & trauaillét
beaucoup plus,de cóquefter par voies licites
& illicites nouueaux royaulmes,que de bié re
                                             gir

gir ceulx qu'ilz poffedét? D'auantage les con
feillers qui font au tour des princes,font fi fai
ges,qu'ilz n'ont que faire de gés faiges: ou ilz
penfent tant eftre faiges , qu'il leur defplaift
d'approuuer le cófeil d'aultruy: fors de ceulx
la aux dictz defquelz(cóbié qu'ilz foient fans
raifó)ilz f'accordét & blãdiffét,pefantz q̃ par
leur flaterie,q̃ ceulx cy f'efforceroiét les met
tre en la grace du prince, puis chafcũ a quafi
ce vice de nature,qu'il ayme & eftime fon in
uétió. Le corbeau eft fi amoureux de fes petitz,qu'il péfe n'eftre au móde pl⁹ beaux oy-
feaux,le finge en faict de mefmes,fi quelqu'ũ
en la cópagnie de telz gés,ou de gés enuieux,
ou arrogãtz,allegue q̃lq̃ chofe , qu'il a leu'a-
uoir efté faict en aultre téps, ou qu'il a veu en
autres regiós & lieux,ceulx qui efcoutét cela,
font ne plus ne moins que fi l'opinió de leur
faigeffe fe perdift,& comme f'on les eftimoit
eftre folz,f'ilz ne font fuffifantz pour frouuer
q̃lque chofe pour blafmer l'inuétió d'aultrui.
Si ces chofes leur deffaillét ilz vienñent à ce
poinct,& difent,Noz maieurs anciés on faict
ainfi,& telles chofes leur ont efté agréables.
Pleuft à Dieu que nous fufsions aufsi faiges
comme il ont efté. Doncques apres auoir
dict ce propos,comme fi ce fuft vne conclu-
fion fe taifent : voulans quafi dire que c'eft
grand dangier , fi aulcun eft trouué plus
prudent que noz anciens. S'ilz ont conful-
té d'un affaire difcretement & diligemment,
tresuolentiers

tre suoluntaire nous permectons que la chose
soit en valeur & prix,au côtraire s'ilz ont paf
sé par vne chose,laquelle on euft peu faire pl⁹
prudentemét, qu'ilz nont faict, ce neanmoins
nous ne voulons palfer plus oultre & retenâs
cefte occafion eftroicremét, côme fi ce ne fuft
mal faict de faire mieulx. Doncques ie me fuis
trouué fouuent entre aulcunz perfonnaiges
qui auoient ces folles opinions la , & iugementz orgueilleux, fans raifon & fafcheux,&
principalement vne fois en Angleterre.
Ie te fupplie(difie)racompte moy,fi tu as efté
aultre fois en noftre pais? ouy dit il i'y ay han
té quelque temps,bien toft apres que les Anglois occidentaulx qui auoient meu guerre
ciuile contre leur roy,furent refrenez, à leur
grande perte, & pitoyable occafion.
Ce pendant Iehan Morton archeuefque de
Cantorbie,Cardinal & Chancelier d'Angleterre me feift beaucoup de plaifir & dhonne-
fteté dont ie me tiens encore grandemént tenu á luy. Ceftoit vn perfonnaige(amyPierre
ie ne diray rien que Morus ne cognoifle) de
grande authorité,prudent & vertueux.il e-
ftoit de moyenne ftature,& combien quil fuft
defia bien vieil,fi fe maitenoit il trefbien,fa face eftoit reuerente,nõ redoubtable,il neftoit
dacces difficile,mais graue & conftant, fon
plaifir eftoit aulcunnefoys de parler plus af-
prement que de couftume,à ceulx qui fe pre-
fentoient deuant luy aux requeftes,ce quil ne
faifoit

faisoit par fierté ou felonnie, ains pour expe-
rimenter la prōptitude & alaigreté de coeur
& d'esperir qu'un chascun pouoit auoir, dequoy il se recreoit, comme d'vne vertu, qui
luy estoit naturelle, voisine & proche, pourueu que le suppliant ne fust eshonté. Certes
il honoroit & prisoit ceste perfection de prō
ptitude, comme chose idoine à gouuerneurs
& administrateurs de republicque, sa parolle
estoit bien acoustrée & efficace, il estoit grād
legiste, il auoit vn esperit incōparable, sa memoire si excellente que c'estoit chose d'admi
ration. L'excellent naturel qui estoit en luy,
en exerçant & apprenant luy auoit produict
telles graces.

Lors que i'y estois, il sembloit que le Roy,
& mesme toute la Republicque se confiast &
appuiast au conseil d'icelui. En sa grande ieu
nesse soubdain de l'escole fut iecté à la court,
ou toute sa vie vacqua à grosses charges, &
en ce lieu peut auoir certaine experience des
varietez de fortune, qui le tempesta assiduele
ment, pourquoy apprint vne prudence mon-
daine, auec plusieurs grandz perilz, laquelle
apprinse & receue, facilement ne se pert pas,
comme d'aduenture i'estois quelque iour à sa
table vn certain personnage lay, sçauant en
voz loix y assistoit, ie ne sçay pas ou il auoit
trouué occasion de parler, mais il commença à louer diligemment l'aspre iustice qu'on
faisoit illec des larrons, en racomptant qu'en

d'aulcuns endroictz aulcunefoys on en auoit
pendu vingt à vn gibet , & pourtant difoit

Des loix
peu equi-
tables.

qu'il fefmerueilloit d'auantage qu'il en eftoit
tant par tout,& dont leur venoit ce malheur,
veu que peu efchappoient de ce fupplice.

Adonc ie vois dire(certes ie fus affez har
di de parler franchement & librement en la
table de ce Cardinal) ne t'esbahy point feigneur, cefte punition de larrons n'eft iufte ne
raifonnable , & ne profite en rien à la republicque. Elle eft trop cruelle pour venger le
larcin,& n'eft fuffifante à le refraindre.

Veritablement vn fimple larcin n'eft point
fi grand crime , qu'on en deuft perdre la vie,
& la peine n'eft point fi griefue qu'elle puiffe
garder les larrons de defrober,confideré qu'ilz
n'ont point d'autre meftier pour viure: pourtant en ceft affaire non vous feulement, mais
la plus grand part du monde eftes veuz enfui
uir les mauluais maiftre d'efchole, qui battet
plus voluntiers leurs difciples,qu'ilz ne les en
feignent.On eftablit punitions griefues & ter
ribles à vn larron , & on debueroit plus toft
pourueoir d'honnefte maniere de viure, affin
que les larrons n'euffent fi grande necefsité
& occafion de defrober & d'eftre pendu.

Comme
on doibt
mettre or
dre qu'il
ne foit
point tant
de larrons

On y a(dict il)affez pourueu,pourquoy font
faictz les meftiers , & le labourage:on peult
gaigner fa vie à cela & la fauluer , fi on ne
veult tout degré eftre mefchant.

Tu n'as pas difie encores ton intentum ,
&

& n'efchapperas de moy ainfi. Premierement ne toufchons ceulx qui fouuent reuien
nent en leur maifon naurez & mutilez des
guerres ciuiles,ou deftrange conflict,comme
il eft aduenu depuis peu de temps du retour
de la bataille de Cornebie qui a efté faicte en
voftre pays & pareillement de celle qui à efté
menée contre les Francoys n'y a gueres.
℃ Ceulx cy ont expofé leur corps pour leur
prince & la republicque , & foiblefle ne leur
fouffre d'exercer les meftiers deuát alleguez,
& l'aage aufsi ne permet qu'ilz en aprennent
de nouueaux. Delaiffons par femblable ceulx
qui reuiennét de la guerre quand trefues font
données. Contemplons les chofes qui aduié
nent quotidiennement. Il eft fi grand nombre de gentilz hómes, qui tous feulz ne viuét
oyfifz,ains entretiennent groffe tourbe de va
letz ocieux,qui n'apprindrét iamais aulcú me
ftier pour viure.Or lefdictz gétilzhómes font
femblables aux bourdós& groffes mouches q
viennent aux ruches des moufches à miel &
viuent de labeur d'aultrui,& filz ont quelq̃s
fermiers,ilz les mégét iufqu'aux nerfz,& hauf
fent oultre raifon leurs fermes & terres pour
augméter leur reuenu. Quand à ce poinct ilz
font affez efpargnantz & practiciés , mais en
aultres affaires ilz font fi pdigues,qu'ilz tṹbét
quafi en mendicité.Doncques fi aduient que
quelque gentilhóme meure ou que les valetz
dudict gétilhóme foiét malades,foudain font
B ii   pouffez

pouſſez dehors,pource que plusvoluntiers ilz
nourriſſent gés oyſifz que les mallades, d'auā
tage l'heritier du mourant n'a pas ſouuent
dequoy entretenir le train que ſon pere tenoit,ce pendāt il fault que leſdictz ſeruiteurs
meurent de fain,ſilz ne veullēt eſtre larrons:
car que pourroient ilz faire ? Certes apres
qu'ilz ont eſté vn peu vagabondz , & que
leurs habillemētz & leur ſanté eſt empirée &
vſée,deſfigurez par malladie,chiffuz & loque
teux,à ceſte heure la les gentilz hommes ne
ſ'en vouldroient ſeruir ny les laboureurs:
pource qu'ilz cognoiſſent que ceulx qui ont
eſté nourris delicatement & en oyſiueté, &
qui ont acouſtumé d'auoir l'eſpée au coſté &
le bouclier en la main,vouldroient tenir tout
le village en ſubiection ſoubz l'umbre d'vne
barbe,quelque habit chicqueté,ou chappeau
emplumé,meſmes contemneroient vn chaſcun,oultre ne ſeroient pas pour ſeruir fide-
lemēt quelque pauure ruſticque , auec petitz
deſpens,petitz gaiges, puis n'ont apriñs à ma
nier la beſche & la houe.
¶ Or ledict legiſte replicqua en ceſte ſorte,veritablement il eſt de neceſſité de nourrir telles manieres de gés,pour ce qu'ē iceulx
ſil eſt queſtion de guerroier,conſiſtent la puiſ
ſance & ſurce d'vn exercite , car ilz ſont de
coeur plus hault & noble, que gés de meſtier
& laboureurs,vraiement diſie pour vne meſme beſongne il eſt donc licite , (ceſtaſcauoir
pour

pour le faict de la guerre) de nourrir des larrons,dequoy ne feres iamais deftituez,ce pen
dant qu'au'es telle generation. Or'doncques
larrons font vaillantz gendarmes,& gendarmes font vaillantz larrons, voila comme ces
deux meftiers la font confirmez, ce vice icy
eft frequent en voftre pays d'Angleterre,non
pas propre,car en toutes nations on f'en demente,vn aultre mal encore pire, gafte & in-
fecte les Gaules,tout le pays, mefmes en tęps
de paix,(fi on la doibt appeller paix) eft affie-
gé & temply de gédarmes foudoyez , induict
d'icelle mefme perfuafion,laquelle vous eftes
d'oppinion ÿci de nourrir & entretenir des fcr
uiteurs oyfifz c'eft le iugemēt des folz qui pę
fent eftre fages,que le falut & protection de
la republicque Françoife cófifte en cela ceft
afcauoir,fi on a toufiours bonnes guarnifons
preftes,& finguliérement de routiers.Les Frã
cois n'ont point grand confidence à gēs nõ
experimetez aux armes,pourtāt font ilz tout
iours eftotez de gens gaigez,qui n'ont d'aultre meftier que la guerre , affin qu'ilz n'ayęt
fans loyer fouldartz ignorantz . de coupet
gorges & occir,& pareillement de peur(com
me dit Salufte en fe gaudiffant,que leur main
& courage ne fanonchallaffe pat oifiueté.
Mais combien la chofe eft dommageable &
pernitieufe,de nourrir telles beftes, France la
bien appris à fes defpens.
　Les exemples des Rommains, Cartha-

Quel dom
mage ceft
que　d'a
uoir touf
iours gar
nifons de
gendar -
mes en vn
pays.

ginois & Siriens & de plufieurs aultres natiõs
declarent affez,comme telle megnie aucûne-
fois f'eft amaffée,& a deftruict nõ feulement
leur empire,ains aufsi leurs territoires & vil-
les.La chofe ne me femble grandemẽt neceffaire de fouldoier gẽdarmes aufsi biẽ en tẽps
de paix que de guerre, & telles gens ne font
trouuez plus vaillãtz q̃ les aultres,qu'il ne foit
ainfi on en a veu clairement l'experiẽce,main
tesfoys on a dreffé & amaffé foudain en tẽps
de necefsité cõpaignies de gens rufticques,&
de meftier en voftre pays d'Angleterre,pour
fouftenir le choc des gẽdarmes Francois, qui
font des leur tendre ieuneffe tresexercités es
guerres,mais ilz n'auoient matiere de fe glo-
rifier d'eftre departiz les maiftres . Or ie n'en
parleray plus oultre,de craincte que ie ne fois
veu vo⁹flater en voz prefẽces. Certes les gẽs
de meftier de voz villes, & voz laboureurs,&
hõmes agreftes ne craindroiẽt pas beaucoup
les paiges & valetz oyfifz des nobles,fi ce n'e
ftoiẽt pauures impotẽtz,ou caimantz & men
diãs,il ya grãd dãger aufsi que ceulx qui font
fortz & puiffantz(certes les gẽtilzhõmes font
caufe de gafter beaucoup de cõpaignõs d'elli
te)ne deuiẽnent lafches par oyfiueté,& qu'ilz
ne fe ramoliffent par exercices prefque femi-
nins,& que ceulx la mefmes inftruictz à bons
meftiers pour gaigner leur vie , & exercitéz
aux labeurs viriles,ne f'effeminẽt.Certes telle
ment quellemẽt que la chofe en aille , cela ne
me

me femble eftre vtile aux aduéturiers de guer
re d'auoir les prealleguez , lefquelz vous n'a-
uez iamais,fi nõ quãd yousvoules nourrir vne
infinie troppe de gẽs de neant qui troublent
la paix,dequoy on doibt auoir plus grand efgard,que de la guerre. Cefte induction & con
trainfte de defrober n'eft feule , il y en a vne
aultre qui eft fpeciale en voftre païs . Qui eft
cefte la dit le Cardinal?voz ouailles difie , qui
fouloient eftre tant benignes & fe contenter
prier, maintenant (ainfi qu'on dit) font tant
gourmandes & felonnes qu'elles deuorẽt mef
mes les hõmes,& gaftent les champs,les mai
fons,& les villes.

Certes a chacunne partie du royaulme
ou la laine eft la plus fine & defliée, & pour
cefte caufe plus precieufe,de ce lieu les gentilz hommes & nobles,aufsi quelque nombre
d'Abbez,qui f'eftiment gens de bien, ne fe cõ
tentent point du reuenu & fruictz annuelz
qui fouloient croiftre à leurs maieurs de leurs
terres,aufsi ne leur fuffit qu'ilz viuent graffe-
ment fans rien faire & qu'ilz n'apportent au
bien public aulcunne vtilité,mais nuifent,càr
ne laiffent aulcũnes terres pour eftre labou-
rées,ilz cloyẽt tout en pafturages, demoliffẽt
les maifons,rõpent les villes & bourgades,ne
laiffantz feulement que les eglifes pour efta-
bles aux ouailles,& ces perfonnages icy qu'on
eftime gens de vertu,mettẽt en defert,guarẽ
nes,parcz,viuiers,toutes habitatiõs, & peille

mēt tous champz labourez, quaſi cõmme ſ'il
eſtoient veuz nĕ gaſtez guéres de pays chez
vous. Parquoy aduiēt que certains laboureurs circonuenůz par tromperies, ou opprimez par violence, ou laſſez d'iniures ſont deſ
pouillez & denuĕz de leurs terres, ou ſont cõ
trainɑz de les vendre, affin qu'un auaritieux
qui n'a iamais ſuffiſance, & qui eſt vne peſte
en vn pais, augmente ſon territoire, & en vn
circuit il encloſt quelque milliers d'arpentz
de terre, doncques en quelque ſorte que ſe dē
partent les pauures miſerables, hommes, fem
mes gens mariez, veuſues, orphelins, peres &
meres auec leurs petitz enfantz, & leur famil
le plus peuplée que riche, car en vne maiſon
de laboureur il eſt requis auoir grand nóbre
de valetz & chābriere il fault qu'ilz vēdēt tou
tes leurs vtēſiles qui ne ſont pas de grand a-
gent, & qu'ilz les donnent pour moins beaucoup qu'elles ne vallent, encor ceſtaſcauoir
ſi'l ya aucun qui les veulle achapter. Or partent il de leurs maiſons accouſtumées & co-
gnues, & ne ſcauent ou ilz ſe doibuent heber-
ger & retirer, & quant ilz ont vagué quelque peu de temps & mengé leur argent, que
reſte il plus ſinon qu'ilz ſoyent larrons, & fina
lemēt pēduz à iuſte droict cõme vous dictes,
ou qu'ilz courēt le pais & mēdiēt ce neāmoins
quand on les trouue ainſi vagantz, oh les em-
priſõne, pource qu'ilz ſont ocieux, & beſõgne
roiēt volūtiers ſilz trouuoiēt à beſongner,
                                                           mais

mais afne ne les appelle. Ilz ont acouftumé à
trauailler aux champs. Mais il n'eft plus befoing di meċtre les mains, pour ce que tout
eſt mis en paſture. Ceſt aſſez d'vn berger & vn
bouuier qui paſture ſes beſtes en vne terre,
ou il y ſouloit auoir pluſieurs laboureurs qui
là rendoient ſuffiſante à eſtre ſemée, & la
mettoient en beau labeur. Pourtant aduient
qu'en pluſieurs lieux ya plus grande charté
de viures.
✱Le pris auſſi des Laines eſt tant creu & haul-
ſé que les petiz compagnons qui ſouloient
faire des draps chez vous, nen peuent appro-
cher pour ceſte cauſe pluſieurs ſontcōtrainctz
de laiſſer oeuure, & eſtre oiſifz. Certes apreſ
que les paſturaiges ont eſté ainſi dilatez & eſ-
cruz, vne malladie, qui eſt ſiebure pthiſicque,
à faict mourir vne infinité douailles, comme
ſidieu euſt voulu punir la couuoitiſe de ces manieres dauaritieux ſuſdictz, enuoie vne peſte
audictes beſtes à laine, laquelle fuſt plus iuſtement tūbée ſur les teſtes deſdictz auaritieux.
✱Or, ſi le nōbre des Ouailles ſe croiſt, cēneā-
moins ne diminuēt de prix, bien eſt il vrayque
vn homme ſeul ād xend leſdictes ouailles, parquoy la vendition ne ſe nomme Monopole,
mais oligopole, qui eſt adire en grec venditiō
de peu degés, & ceulx meſmes ſōt riches, leſquelz nōt neceſſité de vēdre ſi nō quãd il leur
plaiſt & ne leur plaiſt deuant vendre leur mar-
chãdiſe, fors autāt quil leurplaiſt, ceſte meſmē
                                                        raiſon

raifon eft caufe que les aultres beftes foient
auffi cheres,& encores plus,car aprefqu'on a
rompu tout plain de fermes,cenfes & maifōs
aux champs,& qu'on a diminué les terres la-
bourables,il n'ya plus perfonne qui efleue &
nourifle de ieunes beftes comme Agneaux,
cochons,veaulx,poulains, afnons & aultres.
⸿ Ces riches hurons de quoy i'ay parlé ainfi
ne nourriffent point d'agneaux,auffi ne font
ilzd'aultres ieunes beftes,ains ilz achaptes des
beftes maigres ailleurs dequoy ilz ont grand
marché,puis aprefquilz les ont engreffées en
leur paftiz,les reuendent groffe fomme d'ar-
gent.Ce n'eft pas encore tout,en cela ne gift
encore tout le dommaige que le pays y peult
auoir.Car en ce lieu la ou ilz les reuendent ilz
les font dauantaige plus cheres.Quand au refte,es pais ou on efleue ieunes beftiaulx , &
quand toft apres qu'ilz font nez on les tranf-
porte en aultres endroictz,finalement l'abondance en ce lieu diminue petit à petit , parquoy il eft de neceffité que'n cedict territoire
y ayt difette &defaulte defdictes beftes. Ainfi
l'infatiable conuoitife de peu de perfonnaiges
auaritieux rend voftre ifle fouffreteufe de la
chofe de quoy elle eftoit veue eftre fertile &
abondante.
Certes cefte cherté la eft caufe qu'un chafcū
autāt qu'il peuft deiecte de fa famille hors,&
enuoie valetz & chambrieres médiet ou defrober,ce que plus facilement feront gens de
                                          cœur

coeur,car ilz ont honte de demander l'aufmof
ne. Dont vient cela,qu'a cefte pauureté & difete on y adioufte encore vn aultre mal , qui
eft fuperfluité defraifonnable. Les feruiteurs
des gentizhommes,gens de meftier,& rufticq-
ques quafi, & tous eftatz font fuperfluz en ha
bitz,& en boire & menger.

℃ Dauantaige on tolere bordeaux , tauernes
ou on vend vin & ceruoife,puis tant de ieux
nuifibles,comme ieux hazardeux, les cartes,
le rablier,paulme,la bille & aultres femblables. Ces chofes la,quand l'argent eft failly
n'enuoient elles pas leurs miniftres droiċt cōme vn cierge en aulcū lieu defrober,deieċtez
ces dommageufes peftes de voftre royaulme.
℃Ordonnez que ceulx qui ont demoly les vil
laiges & bourgades les reédifient,ou qui cedent les lieux à ceulx qui les vouldront repa
rer,& qui y vouldront edifier.

*Refrenez les achatz & conuentions des ri-
ches,& leur oftez la licence d'exercer vendi-
tions particulieres,faiċtes que peu viuent oififz. Le labouraige foit reftauré,la drapperie
reftituée,qu'vn chacun f'empefche à honneftement befongner,affin que tant de gens oci
eux fexercēt à lutilité de toᵉ,&principalemēt
ceulx que pauureté a faiċt larrōs,&auffi ceulx
qui font maintenant vagabōdz & oyfeux,qui
deuiendrōt larrons fi on ny met police.Si voᵉ
ne dōnez ordre à ces maulx,ceft tēmps perdu
de vous vanter quon à faiċt bonne iuftice des
                                        larcins,

larcins,qui eft certes vné punition plus belle,
que iufte & vtile, quand vous tolerez & per-
mettez regner les vices,les mœurs petit à pe
tit eftre corrumpues dés la tendreté de ieuneffe: & puis quand les enfantz qui en leur pre
mier aage donnoient toute bonne efperance
de leur future probité,en leurs ans virilés cô-
mettent quelque crime de reproché & imfa-
mie,& a cefte heure la vous les puniffez ,que
faictes vous aultres chofe,fi hon;dés Larrons,
& puis vous les puniffez ? Ainfi que ie propofois ces chofes,ce pendant ce legifte prepa-
roit à me faire repofe ,& auoit deliberé dufer
de la maniereacouftumée daulcuns difputatz
qui repetent plus diligemment les parolles
des propofantz quilz ne refpôdét,aufi font ilz
dauiz que tout lhonneur confifte en la memoire du repetant.

Il exprime
la maniere
acouftu-
mée du'n
cardinal
Dangleter
re,de faire
taire vn p-
fonnaige
fil parlepl'
qu'il napar
tient.

Certes tu as trefbien parlé dit il,veu que tu es
eftrangier,& que tu as peu ouyr plus toft de
ces chofes la,que den cognoiftre au certain,
ce que ie donneray à entendre clairement en
peu de parolles.

✳Et premierement ie reciteray par ordre ce
que tu as dict:puis ie monftreray en quoy li
gnorance des chofes de noftre pays ta deceu.
✳Finalement ie fouldray toutes les raifons,
doncqu ie commenceray au premier point
que i y promis. Il me femble que tu as touché quatre chofes. Tay toy dict le cardinal veu
que tu côriences ainfi,ie fuis doppinion,qua

ta

ta refponce feroit bien longue:pourtant nous
te deliurerons prefentement du foucy & faf_
cherie que tu aurois de refpondre,& referue-
rons cela au plus toft que vous en retourne-
rez,qui fera demain:fi tu nes empefché,toy
ou Raphael.

Et ce pendant amy Raphael ,iorrois voluntiers pourquoy tu penfes quon ne doibt punir de mort vn larcin,& quel autre fupplice
tu ordonnerois,qui fuft à l'utilité du bien,pu-
blic es tu doppinion quon deuft tolerer ce vi
ce. Or fi on faict mourir les larrons,& neanmoins on ne laiffe à defrober, fi on les affeure de la vie,quelle crainéte pour laduenir
pourra efpouenter les malfaiéteurs,qui par la
doulciffement de la peine interpreterôt quilz
font femons à malfaire , quafi comme fi on
leur en vouloit donner loyer il me femble dif
ie pere trefbening quil eft iniufte totalement
dofter la vie à vn homme,pour auoir ofté vn
bien temporel. Pour ce que ie ne penfe pas
quil y ayt bien mondain en terre qui doibué
eftre côparé à la vie humaine. Et fion dit pour
couuerture que ce neft pas pourargent ou au
tre fubftance quon faict mourir vn homme,
ains eft pourauoir bleffé iuftice &violé les loix
ie refpons que ou il debueroit auoir droiét &
iuftice,en ce confifte tort & iniuftice.

*Veritablement le commandement des loix
tant feuere & rigoureux neft à louer,quand il
aduient de hazard que quelque perfonnaige
en

en chofes legieres femonftre defobeiffant ,
& on vient foudain á defgainer lefpée pour
le faire mourir.   Les decret¿ ne doibuent
eftre tant eftroictz quon eftime touspe -
chez efgaulx, comme de iuger ny auoir di-
ference entre tuer vn homme,& luy defrober
fon bien.Entre lefquelles chofes(fi iuftice a li
eu)on trouuera quil nya rië femblable ny pro
che.Noftre feigneur Dieu nous á defendu de
faire mourir aulcun,& noùs le tuons tah t faci
lement pour auoir defrobé quelque peu dargent,ou aultre chofe femblable. Et fi aulcun
interprete,que par ce commandement diuin
la puiffance de tuer eft interdicte,fi non entêt
que la loy humaine declaire a occir,quel empefchement y aura il que les hômes en cefte
maniere ne côftituent entre eulx quád il faul-
dra admettre vne defloration, vn adultere,&
vn pariurement. Comme ainfi foit que noftre
feigneur dieu ayt ofté le droict de nôfeulemêt
tuer aultruy,ains auffi foy mefme,fi le confen
tement des hommes faccordantz entre eulx
par certaines ordonnances ne tuer l'vn lautre
doit eftre de fi grand valeur,quil exempte fes
fatellites de lobligation de ce commandement, qui fans aucun exempte de Dieu
tueront ceulx qui humaine loy aura commandé doccir, doncques en cefte forte le
cômandemêt de dieu naurá nô plus de droict
que les loix humaines y en promettront,
Par cela ce fera qu'en cefte maniere les hom -
                                                        mes

mes feront ftatutz en toutes chofes , entant
qu'il conuiendra garder les commandemens
de Dieu combien que la loy de Moyfe fut
rigoureufe & afpre,non obftant ne puniffoit
les criminelz attainctz de larcin , combien
qu'ilz fuffent partinax de mort, mais bien de
peine pecuniaire.

*Ne penfons pas que Dieu en la nouuelle loy
de Clemence,par laquelle le pere à comman
dé à fes filz,nous ayt permis plus grande licence d'exercer cruaulté les vnz enuers les
aultres,quan lancien teftament. Voila pourquoy ie fuis daduis quil neft licite de faire
mourir vn larron. Nul nignore que ce ne foit
chofe defraifonnable & pernitieufe à la republicque de punir egallement vn larron & vn
meurtrier.   Certes quand vn larron regarde
quil nya point moins de peril deftre attainct
de larcin , que deftre conuaincu dhomicide
cela lincite de tuer celuy quil pretendoit feulement voler & defrober,veu quilz nya point
plus de dangier,mais quil ne fuft trouué fus le
faict.   Il ya plus de feureté à faire vn meurtre, et plus grande efperance de le celer, quũ
larcin,moyennant quil ny ayt tefmoing.
*Doncques quand nous efforcons de don-
ner trop grande terreur aux larrons, nous les
incitons à perdre & gafter les gens de bien.
Or fi on me demande quelle punition
feroit plus commode , elleneft pas difficile à trouuer. Auons nous foufpecon que
                                        cefte

ceste maniere des Romains à corriger les vices au temps passé & qui leur a esté si longue
ment agreable, ne fust vtile, lesquelz estoient
plus sçauantz de gouuerner vne republicque
que gens du monde. Ceulx qui estoient con-
uaincquz denormes crimes, estoient perpe-
tuellement detenuz, & contrainctz es carrie-
res tirer la pierre, & fouir en terre pour trouuer les mines des metaulx.

¶ Et touchant cest affaire, ie ne treuue coustu
me ne maniere de faire de nation aulcune que
i'aproue plus, que celle que ie vey, ce pendât
que ie faisois mon voyage de perse, en ce mes
me pays chez vn peuple nommé Polilerites:
Certes ceste nation n'est pas petite, ne mal re
gie & instruicte, & vit en liberté, fors qu'elle
faict quelque tribut tous les ans au Roy des
persans.

¶ Quand au reste pour ce qu'ilz sont loing de
la mer, & enuironnez de montaignes, se con-
tentans des fruict de leur terre, qui est bonne
& fertile, ne hantent pas souuent les aultres
peuples, ne ne sont frequentez aussi, mesmes
de leur coustume ancienne, ne sont curieux
d'escroistre leurs limites, & ce qu'ilz ont le gar
dent soigneusement de l'iniure d'autruy, & de
fendent leurs montaignes si qu'on ne peut en
trer sus eulx. Par ce tribut & pension qu'ilz sont
au susdict roy de perse, sont exemptz de sou-
doier gensdarmes à la guerre, & eulx mesmes
aussi dy aller. Ainsi viuent ilz plus eureux, que
beaucoup

La repu
blicque
des Poly
lerites en
perse.

beaucoup renõmé,car à grand peine quafi cõ-
gnoiſt oncõme ilz ont nõ,fors leursvoiſins qui
ont lacõgnoiſſãce deulx. En ce pais ceulx q ſõt
condãnez de larcin,ce quilz ont defrobé ilz le
rendent à qui il eſt,& non au prince,comme
on faiét en maintz lieux qui neſt guere hõneſte,car ilz attribuẽt autãt de droiét au prince
de la choſe defrobée cõme au larron. Si le biẽ
eſt perdu,on vent les biens du larron,& ceulx
qui ſont intereſſez ſont payez à la valeur, le
demeurant eſt laiſſé entierement pour nourrir la femme & les enfantz dudiét larron, &
luy condamné a ouurer & befongner où on le
veult meétre. Or ſi le larcin neſt exceſſif,ilz ne
ſont detenuz priſonniers en Chartre,& ſi ne
ſont enferrez ou enchainez,mais ſont en liber
té ſoy occupantz a befongnes publicques.

*Ceulx qui refuſent le trauail,& oeuurent laſ
chement,ilz les enchainent & fouettent pour
les faire befongner.

*Ceulx qui befongnent bien,on ne leur faiét
point de tort,auſoir on faiét la reueue,ſont ap
pellez par nom & par ſurnom , & ſeulement
mis & enclos de nuiét dens des chambres on
ne leur faiét poinét daultre ennuy,fors quilz
befongnent touſiours.

*Ceulx qui trauaillent pour la republicque,
ſont nouriz des deniers publicques,& bien en
tretins,en aultres lieux ſont aultrement trai-
étez. En quelques endroiétz on cherche lau
moſne pour eux,& de cela ſont ſuſtentez, &

Au pays
des chre-
ſtiens on
ne faiét pas
cela

cõbiẽque ceſte voie & maniere de faire ne ſoit
certaine & aſſeurée, c'eſtaſcauoir de trouuer
touſioursdu biẽ pour eulx,toutefois ce peuple
la eſt ſi miſericordieux qu'on treuue du reuenu en abondance, & plus en ceſte ſorte,qu'en
aultre maniere. En aultre quartier il ya du reuenu publicque pour alimenter leſdictz crimi
nelz. En autre contrée chacun homme eſt ta-
xé & quotize pour ceſt affaire. Auſſi en d'aulcunz lieux ilz ne font ouurages publicques ,
mais ainſi cõmme vn chaſcun à affaire en par
ticulier d ouuriers ce iour qu'il en a affaire il
ſ'en va au marché & les loue, & n'en pay epas
tant comme il feroit de quelque ſerf qui ne
feroit criminel:quand au demeurant,vn hom
me ne ſera blaſmé de les fouetter,ſilz ſont pa
reſſeux de beſongner.Ainſi ilz ne ſont iamais
oiſifz,qu ilz ne trauaillẽt, & oultre leurs deſpens tous les iours on leur donnequelque cho
ſe des deniers publicques.Ilz ſont tous accou-
ſtrez d'vne liurée, & n'ya queulx qui porte la
couleur du drap qui leur eſt baillé. Ilz nõt les
cheueulx tõduz,mais couppez vn peu au deſ
ſus des aureilles, & en ont vne quelque peu
couppée & eſchantillonnée.

¶ Il eſt permis à leurs amys de leur donner à
boire & à mẽger, & meſmes vn habit de la
couleur quilz doibuent porter.

✳ Il eſt deffendu ſur la vie de donner la gent
qui leur a eſté donné, & à celuy qui le prend
autant y pend il, & neſt pas moins dãgereux
à vn

Les valetz
des gẽtilz
hommes &
maintz aul
tresenchre
ſtiẽtẽmain
tenanr pen
ſent eſtre
choſe hon
neſte da-
uoir ainſi
les che-
ueulx cou
pez.

à vn hôme libre en quelque forte que ce foit
recepuoir ouprendre pecune d'vncriminel, pa
reillemēt eft prohibé fur peine de mort à tous
criminelz de porter baftons ou armes. Vne
chacune regiō marequēt & fignent leurs pri
fonniers, & ny pend que la mort doſter leur
mercque, & encourent femblable peine de fe
tranfporter en aultre contrée, & paffer les li.
mites de leur region, & aufli de parler auec
vn prifonnier daultre pais.

* Certes penfer feulement de fenfuir neft pas
moins perrilleux pue la fuite. Si vn criminel
eft conuaincu dauoir donné confeil à vn aul.
tre de fen fuir, on le faict mourir, & fi vn hom
me libre tumbe en ce cas, il eft mis en feruitu
de. Il y a certain falaire à ceulx qui defcouurēt
telles entreprinfes. Si ceft vn homme de fran
che condition, on luy donne vn prix dargent,
fi ceft vn ferf, on le met en liberté, à lun & à
laultre eft faicte grace filz delinquent en quel
que forte: affin quon cognoiffe que celuy qui
donne vn mauuais confeil ne doibt eftre plus
affeuré que fil faifoit le cas.

* Voila les ordances & la police de quoy on
vfe en ces pays, qui nous donnēt à cognoiftre
clairemēt cōbiē elles font pleines dhumanité
& quel profift elles apportēt à la republicque
veuſquen faifant iuftice on abolift & perd, on
les vices, en gardant les hômes, & les traictāt
en telle forte, quil eft neceffaire quilz foient

bons,mefmes autant de dommaige quilz ont
faict,pour le demourant de leur vie ilz le re-
compencent on n'a point de deffiâce & crain
cte qu'ilz retûbent en leurs premieres meurs
& eft on affeuré auecques eulx, tellement,
que les pelerins,f'ilz ont quelq̃ voiage àfaire
en aulcun lieu,ne vouldroient pas d'aultres
guides à les côduire que telles fortes de ferfz
& condemnez,qui font preftez pour diriger
les paffantz en toutes regions.
Or à commectre aulcun larciŋ ilz n'ont, chofes opportunes,premierement leur eft defendu de porter iamais bafton,puys ce quilz auroient defrobé les accuferoit & manifefte-
roit leur delict.Dauantaige la peine eft toute
prefte,à qui feroit trouué en malfaict,puis ilz
nont efpoir de fuir en lieu du monde. Comme fe pourroit cacher celuy qui eft totalemét
defguifé de lacoutrement des aultres fil ne
fen vouloit fuir tout nud . Et oultre loreille
quil à entretailée,le manifefteroit.Il ne fault
point craindre auffi quilz puiffent faire quelques monopoles & côfpirer côtre la republic
q̃.Premieremét les peuples voifins,filz auoiét
quelque efpoir de faire mal,à la region circô-
iacente & limitrophe,ilz ne le fcaroient faire
bonnement fans folliciter deuant & effaier
les ferfz & criminelz de plufieurs regions,qui
font exemptz de côfpirer,car il ne leur eftper-
mis feulement de conuenir,hâter, frequeter,
parler &faluer lû lautre,mefmes filz auoiét ce
propos

propos la,encore ne loferoient ilz defcouurir
à leurs amys:confideré que ceulx quilz tai-
roient feroient en dáger de mort,& ceulx qui
le manifefteroient feroient bien recompen-
fez.Dauantaigevn chafcun deulx a efperance
quen obeiffant,& porát la peine patiemmét
& donnant bon efpoir de fon amendement
de vie pour laduenir.en cefte maniere pourra quelque fois recouurer fa liberté.Cófideré
quon en a veu qui ont efté reftabliz & reftitu-
ez pour leur bonne patience & tolerance.

❡ A prefque ieu recité ces chofes,& dict dauantaige quil me fembloit quil ny auoit chofe
qui empefchaft que cela ne ce peuft faire en
Angleterre,auecques plus grand fruict, que
la iuftice que ce legifte auoit tant louée, Lequel va confequemment replicquer.

✳Iamais cela ne pourroit eftre eftably en An
gleterre,quil ne tournaft au grand detriment
de la republicque:& en difant ces chofes hoc-
queta la tefte,& tordift les leures, & fe teuft.
Lors tous les affiftentz furent de fon opinion
Adonc le cardinal dit.

✳Ce neft pas bien deuiné,fi la chofe doibt ve
nir bien ou mal,quand on nen a point eu encore dexperience.

✳ Certes fi apres que le dictum de mort eft
pronuncé,le prince commandoit lexecution
eftre differée,& quon experimentaft cefte mo
de prealleguée, en rompant les priuileges
des franchifes que les eglifes ont,& fi on fen
C iii trouuoit

trouuoit bien,on debueroit ordonner ainſi e-
ſtre faiĉt:mais ſi le cas venoit aultrement , á-
donc ſeroit licite de faire mourir ceulx qui
parauant auroie t eſté condénez,en ſe faiſar t
cela ne pourroit eſtre pernitieux au bien public,ne plus iniuſte que ſi maintenant ce faiſoit ainſi,ne auſſi de la choſe neñ pourroit venir peril aulcun.

✻Dauantaige il me ſemble quon feroit bien
de traiĉter en ceſte ſorte vn tas de vagabondz
& coureurs,qui vont mendiant parmy le pais
& ſont touſiours oiſifz,contre leſquelz on á
tant faiĉt de ſtatutz,mais nen eſt venu profit.

꙳A preſque ce cardinal eut diĉt ces choſes,
tous ceulx qui auoient contemné mes propos
les priſerent par apres,& ſingulieremét ce qui
auoit eſté dit tou hant leſdiĉtz vagabondz:
pource que lediĉt cardinal ſi eſtoit condeſcen
du.Ie ne ſcay ſi ie doy taire ce qui ſenſuiuit.
Vray eſt que les choſes eſtoient ioieuſes &
pour rire,mais pour ce quil ny auoit rien de

Ioieulx dia
logueddD
frere preſ-
cheur &
d'vn foul.

mal, & quelles eſtoient conformes á noſtre
propos ie les compteray:dauanture en ce lieu
aſſiſtoit vn flateur , qui contrefaiſoit le ſoul
mais pour dire vray il ne faignoit,car il le
pouuoit eſtre. A raiſon que quand il auoit dit
quelque parolle,combien quil nyeuſt pas grãd
fruiĉt ne plaiſir,il ſe rioit,en ſorte que la cõm-
paignie ſe prenoit plus toſt a rire de luy que
des motz quil diſoit:ce neanmoins ceſt homme

me touchoit aulcunesfois des poinctz qui ne
ftoient fans raifon,& parloit fi fouuent quen
aulcunz de fes dictz y auoit grace.

Or comme quelqun de ceulx qui eftoient
a la table.difoit que iauois bien parlé touchât
les larrons,& auffi auoit le cardinal touchant
les vagabondz & coureurs,& quil reftoit àme
tre ordre aux pauures q̃ malladie & vieilleffe
auoit conftrainctz de mèdier,lefquelz ne pou
uoient faire aulcune befongne pour gaigner
leur vie.

A donc dit ce foul,laiffe moy faire,icy pour
uoiray bien.

Certes ie defirerois grandement que cefte
maniere de gens la fuffent fequeftrez de mes
yeulx, & quon les mift en quelque lieu que
ie ne les viffe iamais,pour ce quilz mont im-
portuné founentefois de leurs cryz & plain-
ctes,en me demandanr de largent : toutefois
ilz ne feurent iamais fi bien chanter, quilz en
arrachaffent vn feul denier.

Il aduenoit toùfiours que ie nauois le vou
loir de leur rien dònner,ou quil ne meftoit
permis , pour ce que ie nauois aulcun bi-
en.

Or maintenant ilz font faiges,car de peur
quilz ne perdent leur peine , quand ilz me
veoient paffer par deuant eulx,ilz ne font fem
blant de rien & fe taifent, & nefperent non
plus de moy que fi ieftois preftre.

Mais iordonne & commande par fentence

L'ordonnã
ce dun
foul fus les
moines mẽ
dians.

D iiii   diffinitiue

diffinitiue que tous ces pauures la soient di-
stribuez & departis aux monasteres de sainct
Benoist,pour estre illec bourdiqueus , & les
femmes quon les mette aux regions des dames,& quon les face moniales.

✳Le cardinal adonc si commenca à rire,& ap
prouue en se gaudissant loppinion de cestuy ,
les aultres à bonescient,

✳Mais vn frere qui estoit en la table dudict
cardinal,quand il eut ouy parler des prestres
& des moynes rétez il se resiouist fort,& com
menca à se trufer,combien quil fust homme
chagrin & melencolicque. Si neschaperas tu
dict il des mendians, si tu ne penses dentre
nous freres. Lors dit cest adulatur,on ya desia
pourueu,Le Reuerendissime à tresbien ordō-
né de vous,quand il à esté de oppinion que on
debuoit reserrer lesvacabondz,& les faire be
songner. Certes vous estes grands coureurs.

✳Quand les assistens iecterent leurs yeulx sus
ledict cardinal,& veirent quil nauoient faict si
gne à ce fol de se taire,ilz prindrent bien cela,fors ledict frere,lequel estant ainsi touché
de ce brocard & lardon,fut si indigné,& cour
roucé , quil ne se peut abstenir diniurier cest
homme , (& ne men esmerueille)il lappella
menteur , detracteur , medisant , langard
& enfant de perdition : allegant sus ces
entrefaictes tout plein de menaces terribles de la saincte escripture, adonc ce plaisanteur commença à plaisanter à bonescient
car

car c'estoit son droict mestier,& son vray exer
cice,Frere dit il,ne te courrouce point,n'est il
pas escript,en vostre patience possedez voz ar
mes,adõc le frere dit, ie reciteray ses polles,
[Non irascor surcifer,vel saltem non pecco.
Nam psalmista dicit irascimini & nolite pec-
care.] Qui est a dire ie ne me courrouce poït
villain,ou a tout le moins ie n'offense dieu,
car le Psalmiste dit,courroucez vous & ne pe
chez point.Ce que voiant le Cardinal admon
nesta ce frere doulcement de refreindre ses
passions & feist signe audict plaisanteur qu'il
se retirast, & changeast les propos en aultre
chose plus commode,tost apres se leua de la
table,& vacqua à ouyr quelques differétz &
litiges d'aulcuns clercz,& nous laissa.

℞ Voyla comme ie t'ay ennuié & chargé de
mes longs comptes amy Morus,ieusse eu hõ
te d'y estre si longuement,si tu ne m'eusse prié
affectueusement d'ainsi le faire , & aussi pour
ce que tu te mõstrois auditeur si attentif,que
tu ne voulois que laissasse vn grain de ce pro
pos:ce que i'eusse peu faire plus bref, mais il
me falloit narrer au long & tout à net, pour
y comprendre l'opinion de ceulx qui au deuant auoient blasmé ce que i'auois dit, & tost
apres l'approuerent, pour ce que le Cardinal
alloua mon dire: & se monstrerent si grands
flateurs que mesmes ilz se consentoient aux
inuentions de ce plaisanteur susdict,& les re-
cepuoient quasi comme choses graues , pour
ce que

Icy il tou
che les fla
teurs.

ce que le maiftre les prenoit à ieu. Par cela tu
peux eftimer combien les courtifans feroient
compte de moy, & de mon confeil.

Certes amy Raphaël, difie , tu as par.é
tant prudentement & elegamment que tu
m'as fort recrée.

D'aduantage en t'oyant ainfi bien com-
pter il me fembloit que ie fuffe non feulemēt
en mō pais, mais eftre raieuni pour le ioyeux
record de ce Cardinal en la court du quel i'ay
efté nourry ieune enfant : & pource que tu
preftes faueur à la memoire d'icelny, combiē
que tu fuffes bien mon amy, fi t'ayme ie enco
re plus pour cefte caufe quand au refte ie ne
puis encores changer mon opinion en aulcū
ne maniere, que ie ne penfe fi tu veux induire
ta fantafie à t'accōmoder à la court des princes, que tu ne facés grand bien à la republicque par ton cōfeil, ce qui f'adonne & eft moult
feant à ton office, c'eft a dire à l'office d'vn hō
me de bien, veu que ton platon dit que les republicques deuiendront heureufes, fi les ama
teurs de faigeffey regnēt, ou fi les roys f'eftu-
diēt a fageffe. O que felicité fera loing defdictes republicques, fi les philofophes font def
daigneux de communicquer leur confeil au
Roys & Princes.

Ilz ne font pas dit il fi ingratz, quilz ne le
feiffent haictément, & qui plus eft, maintz
l'ont defia faict par plufieurs liures mis en lu
miere, fi les princes & roys eftoient appareil-
lez

lez d'obeir à leurs bonnes opinions,mais veritablement platon prenoit bien que fi les roys
ne f'applicquoiét à fageffe,&filz entretenoiét
leurs mauuaifes opinions defquelles ilz font
abreuez & tainctz en leurs ieunes ans,il ne fe
peult faire pour l'aduenir qu'ilz facent eftimé
du confeil des philofophes,& de ces chofes le
dict platon eut experience enuers le Roy de-
nis.

✳ Si i'eftois à la court de quelque Roy & ie
luy miffe deuant les yeulx quelques bons ftatutz , & que ie m'efforcaffe de luy ofter vne
pernitieufe femençe de mal, ne penfes tu pas
que foudain on ne me pouffaftdehors,ou qu'ő
ne fe mocquaft de moy; Prés le cas que ie fois
auec le roy de France,& que ie fois de fes con
feilliers,& que le Roy preside en fon confeil
eftroict en la compaignie de tout plein de per
fcnnages prudentz,illec fe faict confultation
par quelz artz & inuentions on pourra garder Milan,commé on pourra retirer Naples,
deftruire les Venitiens,conquefter toutes les
Itales , mettre en fon obeiffance Flandres,
Brabant,& toute la Bourgongne,& pareillemét plufieurs aultres contrées qu'on a eu vou
loir d'affaillir.

🖙 Vn dira & fuadera quil faut faire appoicte
mét auec les Venitiés, qui durera feulement
tédis qu'il fera cómode de leur cómunicqr
le cőfeil de Fráce,& leur laiffer q̃lq̃s terres de
conqueft, qu'on pourra redemander , quand
les

Icy defcő
feille cou-
uettremêt
de faire la
guerre en
italie.

les choses seront venues à fin desirée.

C L'aultre conseillera qu'il fault assembler
les Alemans, l'aultre qu'il fault attirer les
Suisses par argent, l'autre sera d'oppinion
qu'on appaise l'Empereur, & qu'on rompe
ses entreprinses a force d'or, comme l'on y
procedoit par censures, l'aultre de composer
auec le roy d'Arragon, & ceder au royaume
de Nauarre comme vn gaige de paix, l'aultre sera d'aduis qu'il est commode de retenir
le prince de Castille par quelque esperance
d'affinité, & alecher par certaine pension quel
que nombre des gentilzhommes de sa court

ligne

pour estre de la ligue des Francois. Or quand
le plus gros neu, & la plus grande difficulté
d'entre toutes ces choses se met sus le bureau, c'estascauoir qu'il fault ordonner d'Angleterre, on dira qu'il est decent de traicter
paix auec les Anglois abstreindre & retenir
estroictement les confederez inconstantz, qui
facilement se reuolcent, soient appellez a-
mis, & souspeconnez comme enneniis.

jo Il fault dresser les escossoys, & qu'ilz se
tiennent prestz, a tous heurtz, si d'aduenture
les Anglois se vouloient mouuoir.

jo D'auantaige est il pertinent d'entretenir
quelque noble personnage exilé, tout secret-
temét, car l'accord qui sera faict prohibé que
la chose ne se face apertemét, lequel aura different auec le roy d'Angleterre disant que le
royaulme luy apartient, affin qu'a ceste occasion

fion il ayt ledict prince fufpect. Or fi en ce
fte grãde difficulté,ou il aura tant d'excellẽtz
perfonaiges qui feront tous de confeil qu'on
doibt faire la guerre,moy qui fuis homme de
petite eftophe ie me leue , & delibere qu'on
doibt faire le côtraire,qu'il fault delaiffer l'I-
talie, & demeurer en fon pais,& que le royaulme de France eft quafi plus grand, que cõ
modément il peult eftre adminiftré d'un feul
prince:& que ne doibt le roy pẽfer d'adioin-
dre les aultres royaulmes auec le fien, finalement fi ie leur propofois les ftatutz du peuple des achoriens,oppofite à l'Ifle des Vto-
piẽs du cofté d'Euronotus, que les marigniers
appellent le vent de fouroueft,lefquelz feirẽt
quelque fois la guerre, affin qu'ilz obtinffent
& conqueftaffent vn aultre royaulme que le
leur à leur roy,lequel il querelloit lui apartenir,à caufe d'aucune affinité,ce qu'ilz feirent
mais apres qu'ilz eurent conqueftê voiantz
qu'ilz n'auoyent pas moins d'ennuy & angoif
fe à le garder,quilz auoient fouffert à lacque-
rir : & que affiduellement fe faifoient rebel-
lions en cedict royaume , ou incurfions des e-
ftrangiers à lencontre des renduz, ainfi toufiours falloit guerroier pour eulx , ou contrē
eulx,& ne leur eftoit loifible de laiffer leurs
exercites,ce pendant ilz eftoiẽt pillez,leur ar
gent fe portoit en eftrange pais,leur fang fex
pofoit à lappetit & honneur d'aultruy , filz
auoient d'aduenture paix,ilz nen eftoient gue
re plus

Exemple
digne d'e-
ftrē note.
81

re pl⁹ affeurez, les meurs fe corrôpoíét & de-
prauoient, vn vouloit de defrober s'acouftu-
moit, audace fe fortifioit par meurtres, on có
ténoit les loix pour ce que leur prince entétif
au regime & foucy de deux royaumes, ne po
uoit entendre à l'un & l'autre. ·

¶⬠. Or quand ilz veirent que fin ne fe me-
toit à tant de maulx, s'affemblerent & tin-
drent confeil treshumainement donnant l'o-
ption à leur roy de retenir lequel qu'il vouldroit des deux royaumes, difant qu'il n'euft
fceu regir l'un & l'aultre , & qu'ilz eftoient fi
grand nombre, que leur adminiftration pouoit bien contenter deux roys , & qu'il leur
appartenoit bien d'en auoir vng a tout par
eulx, veu qu'il n'eft perfonne de fi petite condition ou eftat, s'elle auoit vn muletier, qui le
voulfift faire commun à aultruy.

✳ Ainfi ce bon prince fut contrainct de laif
fer ce nouueau royaume à quelque vn de fes
amys, (qui en fut en bref deiecté) & de ce
contenter du fien.   ·

⬛ Confequemment fi ie remonftrois toutes
les entreprinfes des guerres, pour lefquelles
tant de nations eftoient en different à caufe de ce roy, tant de threfors euacuez, fon
pauure peuple deftruict, & combien que aul
cunefoys par quelque fortune ceulx a qui on
a la guerre cedent, toutesfois c'eft en vain,
pourtant fe doibt vn roy tenir & habiter en
fon royaulme fans tirer oultre, l'efcroiftre

&

& orner autāt qu'il peult, & le faire tresfloriſ
ſant,aymer ſes ſubiectz, eſtre aymé d'iceulx,
viure enſemble auec eulx & leur comman-
der doulcement,& laiſſer la les aultres royaul
mes en leur entier, puiſque celuy qui luy eſt
eſcheu, eſt aſſez ample, & plus riche qu'il ne
luy fault.

☙ Eſcoutera lon voluntiers ce mien propos a ton aduis amy Morus, gueres ne preſ
ſteront l'Oreille à ta harengue,diſie.

☙ Or paſſon oultre dit il, ſ'il aduient que
les conſeilliers de quelque roy conferent enſemble & reduiſent en memoire en la pre-
ſence de ceſtuy Prince par quelles fineſſes
ilz luy pourront amaſſer de l'argent.

☙ L'un dira qu'il fault deſcrier ſes mon-
noyes,& à raiſon qu'il fault que ledict Prince baille & paye a quelques vngz groſſe ſom-
me d'or,il ſera bon de hauſſer l'or, puys le de-
ualler & abaiſſer de prix quand il ſera queſtion d'en demander à ſon peuple , & apres a-
uoir receu le remetre en ſon premier eſtat.
Ainſi de peu payera beaucoup, & pour peu re
cepura beaucoup.

☙ L'autre conſeillera que il faigne auoir
la guerre contre quelque nation,& ſoubz ceſte couleur il tyrera force dargent de ſes ſub-
ictz.

☙ Puis quand aura amaſſé ceſte pecune,
quand luy ſemblera bō face voler le bruit de
paix entre ſes ennemis,affin que to⁹ ceulx qui
ſont

sôt ainſi aueuglez&enchâtez,& qu'ilz diſét nó
ſtre prince eſt pitoyable il a côpaſſiô deſpan-
dre le ſang humain,lautre luy mettra a la fan
taſie que tous ſes ſubiectz ont tranſgreſſé aul
cunnes vielles ordonnances,mégées des vers
toutes moyſies,& par longue deſacouſtuman
ce inueterées , que nul nauoit la memoire
quelles fuſſent faictes,& quil en doibt deman
der les amendes. , diſant quil ne luy ſcauroit
eſchoir plus grand reuenu que de cela,ne plus
honorable,de raiſon quun prince repreſente
la perſonne de iuſtice. Il eſt admonneſté dun
aultre quil defende beaucoup de choſes ſus
groſſe peines,& ſpecialement ce qui ſera à lu
tilité de ſes ſubiectz , quand ne ſe ſera point,
puis vienne à compoſer auec leſdictz ſubiectz
& les diſpence par pecune,pource que la deſ
fenſe leur eſt pernitieuſe , ainſi aura la grace
de ſon peuple,& luy en réuiendra double pro
fit,auſsi luy reuiendra gros deniers ſil a quelques theſauriers ou recepueurs quauarice &
couuoitiſe de gaing aura attrappé à ſes retz,
& auront malverſé en ſes finances, quand ſeront mulctez & puniz de leur larcin,ou quãd
il vendra les priuileges dune communaulté à
quelque aultres trop plus dargent quil neſt
pas bon prince,pource quil donne le bandon
& licence à quelquun en particulier de iouïr
dune choſe,qui eſt au préiudice dvn peuple,&
pourtant ne le vend il point quil nen ait gros
deniers,laultre lui perſuadera quil abſtreigne
à ſoy

à foy quelques Iuges qui en toutes chofes de-
batront & contendront pour le droict du roy
ce qui luy appartiendra, puis les fera venir au
palais en fon parlement les inuitât de faire re
cit de fes matieres deuant foy, ainfi il n'aura
matiere fi manifeftement iniufte ou quelque
vn defdictz iuges ne treuue quelque ouuertu-
re par laquelle ne fe puiffe eftendre tromperie, ou en contredifant, ou de honte de parler,
ou affin qu'ilz acquierent faueur enuers ledict prince, en ce poolnct quand lefdictz iuges feront repugnantz, & d'oppinions contrai
res l'ung à l'aultre en vne chofe de foy tres-
claire , & qu'il n'euft meftier d'eftre difpu-
tée, fi que la verité de la caufe qui eft inique, a
cefte heure la vient en doubte, fur ce poinct
le prince a occafion d'interpreter le droict à
fon profit confidere que les vns ont honte de
parler deuant foy, & les aultres craignent, ain
fi la fentence fe prononce fans crainche à fon
intention. Certes celuy qui donne arreft pour
luy n'eft iamais defpourueu de couuerture,
vmbre, ou couleur , il dira qu'il luy fuffift que
le droict eft de fa part, ou il fournera les parolles & le fens de la loy, l'interpretant à fon
plaifir. Puis alleguera la prerogatiue, excel- Le dict du
lence, & préeminence du prince qui ne doibt riche Craf
eftre difputer, & que le prince eft fur la loy, fe fus.
confirmant au dit de Craffus, qui difoit que le
prince qui anoit charge d'entretenir vn exercite, ne pouoit auoir affez d'or. & d'argent d'a

D uantaige,

uantaige ledict iuge alleguera qu,un roy ne
peult rien faire iniuftement, quand fon plaifir eft tel pour ce que tout le bien des fubiectz
eft a luy,& mefmes les corps,& que le peuple
n'a rien propre,fors feulement ce que la beni-
gnité & courtoifie d'un roy luy permet poffe
der,& ce qu'elle ne luy aura ofté, & le moins
qu'il en pourra auoir,ce fera à la grande vtilité du prince,de peur que ledict peuple,duquel
il à la garde,par richeffes & liberté ne s'effe-
mine & enfieriffe & qu'il ne veuille endurer
patiemment l'iniufte & dur commandement
de fon feigneur:veu qu'au contraire pauureté
& neceffité rompt,brife,& abaiffe les courai-
ges,& les faict patientz,en forte que les nobles & magnanimes efpritz par oppreffion
font deuallez,& exemptz de rebellion.
Or fi en ce conclaue ie me lieue de rechief
pour dire mon opinion,& debas contre les fuf
dictz aduocatz que tout leur confeil n'eft hon
nefte au roy,& qui plus eft,luy eft pernitieux
& dommageux, duquel non l'honneur feulement,ains aufsi la feureté font comprins &
fituez plus au richeffes de fon peuple, que au
fiennes , & que ledict peuple le eflit pour fon
affaire,& non pour l'affaire dudict prince; affin que de fon labeur & eftudie il viue commodement , le defendant du tort & iniure
que on luy pourroit faire vng bon Prince
doibt eftre plus foulcieux que fes fubiectz fe
portent bien,que luy mefme , tout ainfi que
c'eft

ceft l'office d'un pafteur d'eftre plus foucieux
de nourrir fes ouailles que foymefmes, entãt
qu'il eft berger.

🙰 Et quand a ce qu'ilz font d'oppinion que
la pauureté du peuple, eft ayde de paix, l'expe
rience nous enfeigne affez qu'ilz faillent gran
dement, Mais ou trouuera lon plus de noifes
& contentions, que entre gens mendians? qui
eft ce qui defire plus le changement & muta
tion d'un regne, que celuy à qui defplaift l'e-
ftat & maniere de viure de fon temps ? qui
prend plus grand hardieffe de faire vn trouble en toutes chofes, que celuy qui ne a que
perdre ? Et fi vn roy eft tellement contemné
& hay de fes fubiectz qu'il ne les peult aultrement retenir en fon obeiffance finon par male
dictions, iniures, pilleries, & grandes perfecu
tions, & les redige à mendicité.

☞ Il vauldroit beaucoup mieulx que il quic-
taft & delaiffa fon royaulme, que de les traicter & gouuerner par telz artz, par lefquelz
combien qu'il retienne le nom & tiltre de
roy, fe perdra il fa maiefté.

☞ Cela eft bien mal feant à fi excellente dignité Royalle, de auoir le regime de mendians: mais il quadre bien mieulx de auoir la
domination & gouuernemét d'un peuple opu
lent & eureux: ce que cognoiffoit bien Fabri-
cius rommain, homme vertueux & magnani
me, quand il refpondit que il aymoit mieulx
dominer fur les riches, que de eftre riche

¶ Certes quand il aduient qu'un prince viue
seul en plaisir & delices , & que tous ses subiectz gemissent de toutes partz & lamentent,
pour la pauureté ou ilz les à mis,cela n'est pas
office de roy,mais d'un geollier. Finalement
ainsi qu'un medecin n'est pas tenu scauant,
qui ne scaroit guarir vne malladie sans en ad-
iouster vne,aussi est estimé vn prince, ignorát
& cruel qui ne scait par aultre voye corriger
la vie de son peuple , sinon en luy ostant l'u-
saige & commodité de la vie, & confesse hardiment qu'il n'entend rien a gouuerner gens
libres & francs,doncques qu'il change sa lá-
scheté ou son orgueil : car par telz vices souuent aduient que le peuple le contemne ou
hait,viue de son reuenu sans porter greuance
a aulcun , sa despence soit mesurée à ses pos-
sessions,reserre les malefices,instruise bien ses
subiectz , & ne permette croistre les delictz,
lesquelz il fauldroit qu'il punist par apres, les
loix abolies par coustume , qu'il les reuocque
discretement,specialement celles qui ont esté
long temps delaissées , & ne sont peries, qu'il
ne preigne argent a cause d'un delict ou offence,ce qu'un iuge ne souffriroit faire a personne priuée, comme chose iniuste & falla-
cieuse.

Loy admi
rable des
Macaren-
ses.

¶ Si ie leur proposois la loy des Macaréses,
qui ne sont pas gueres loing de l'Isle d'Vtopie,qui le premier iour qu'ilz on faict vn roy,
auec grandes cerimonies l'arresterent de in-

ter

rer folennellement,qu'il n'aura iamois à fon
thefor plus de mille liures d'or ou autant d'ar
gent à la valeur dudict or,ilz difent que cefte
loy fut inftituée de quelque bon prince,qui a-
uoit plus à coeur l'utilité du pays que fes pro
pres richeffes,qui eftoit vn obice d'affembler
tant de pecune,que le peuple en fut pauure.
Certes ceftuy roy confideroit que ce thefor la
eftoit affez fuffifant pour contreuenir aux re-
bellions de fes fubiectz,& incurfions des ennemis,vray eft qu'il n'eftoit affez ample pour inuader les aultres royaumes,pour donner à cognoiftre qu'un prince fe doibt contenter du
fien,qui fut caufe principale de conftruire cefte ordonnance , l'aultre caufe qui l'induifit,
c'eft que par cela il penfoit auoit fi bié pourueu qu'il ni auroit deffaulte de pecune,quand
il feroit queftion que les citoyens vouldroiét
traphicquer , & faire quelque commerce entre eulx.Et confidere aufsi qu'il eftoit de necefsité au roy de baïiler tout ce qui eftoit de
furplus de fon thefor a feldictz fubiectz , par
cela n'auoit occafion de chercher les moiens
de les piller & leur faire tort.

¶ Vn roy qui feroit le féblable feroit craict
des mauuais,& aymé des bons, fi ie m'allois in
gerer de propofer ces chofes , ou auitres femblables deuant des perfonnages, qui feroient
totalement enclins à faire le contraire,ie reci
terois vn compte à gens fourds , certes difie
non à fourds,ains treffourds,& ne men efbahi

Prouerbe.

D iii   &

& ne ſuis point d'aduis(affin que ie die la veri
té) ꝗ tu te doibues immiſcuer de tenir telles
parolles,& donner tel conſeil ; ſi tu es certain
qu'on ne le doibue recepuoir, que profiteroit
tel deuis inacouſtumé & comme pourroit il
entrer au coeur de ceulx à qui on a perſuadé
l'oppoſite,ceſte philoſophie ſcholaſticque eſt
plaiſante entre amis en leurs familiere confa-
bulations, mais il n'eſt pas temps d'alleguer
ces choſes au conſeil des princes,ou les grădz
affaires ſe traictent auec grăde authorité,c'eſt
dit il ce que ie mettois en auăt,qu'on ne ſcauroit admetre de tenir termes de philoſophie
deuăt les princes,ouy bien diſie de ceſte philꝋ
ſophie ſcholaſticque,ou il fault parler frăche
ment,il ya vne aultre philoſophie plus ciuil-
le,qui a ſon theatre propre,& ſ'accommode à
la fable qu'ő ioue,& garde ſon office & droict
honneſtement auec grace & condecence.

Philoſo
phie ſcho
laſticque.

Il te fault vſér de ceſte la , prenons le cas
qu'on ioue quelque comedie de plăte,ou cer
tains ſeruiteurs & flatereaux vſent de bour-
des & menſonges entre eulx,& tu te preſentes deuant le pulpitre en habit de philoſophe,
& racomptes ce paſſaige d'octauia,ou Senecque diſpute auec Nero ; te vauldroit il pas
mieulx taire que de meſler ta tragedie , auec
leur comedie; tu corromps & peruertiz la fa
ble qu'on ioue,car tu meſles choſes contrai-
res,combien que ce que tu allegues ſoit meil
leur;ſi tu as entreprins quelque ieu ; ioue le
mieulx

merueilleu
ſe diminu
tion que
les grecqs
appellent
mioſis.

Plaute

mieulx que tu pourras,& ne trouble ne change rien,pourtant sil te vient a la memoire d'u
ne aultre fable qui soit plus belle, & plus ele
gante ainsi est en la republicque.

℃ Ainsi en aduient au conseil des princes. Si
les mauluaises opinions ne peuuent estre tô
talement ostées,& si on ne peut ainsi qu'on
desire remedier au vices receuz par vsage: nô
pourtant doibt estre delaissée la republicque,
ainsi qu'une nauire en temps de tormente,si
les ventz ne peuuent estre reprimez.

Certes il ne fault point emplir les aureil
les des princes d'un propos insolent & inac
coustumé, lequel tu cognoistras n'auoir paix
enuers lesdictz princes,qui ont esté persuader
au contraire,mais il se fault efforcer par vne
menée oblicque que tu traictesde tout ton po
uoir toutes choses cômodement,& ce que tu
ne peult tourner en bien, fay a tout le moins,
cue ce ne soit pas si grand mal. Certes il ne
se peut faire que tout voise biê,si tous ne sont
bons : ce que ie n'espere qu'il ce puisse faire
encore de long temps. En ceste sorte dit il
rien aultre chose ne ce feroit , sinon quand
ie penserois donner remede a la fureur des
aultres , moymesme auecques eulx ie deuien-
drois fol. Or si ie veuil dire le vray,il sera ne
cessité que ie die telles choses côme iay deuât
allegué,ie ne scay si les philosophes ont accou
stumé de mêtir,mais quâd a moy ce nest poît
mô naturel ne mô mestier. Et combiê q̃ mes

D iiij   parolles

parolles parauenture ne foient agreables aux
fufdict, & leur femblent facheufes , fi eſt ce
quelles ne font point fi eſttanges , q̃lles foiẽt
indiſcrettes & impertinentes, fi ne propoſois
ce que fainct Platon en fa republicque, ou ce
que font les Vtopiens en la leur,iacoit ce que

Les ſtatutz
des Vto-
piens

ces choſes la fuſſent meilleures (comme il eſt
certain que ainſi eſt)toutesfois feroient veues
biẽ eſträges,pource quẽ ce pais tout y eſt par
ticulier,& en Vtopie toutes choſes font com
munes,mes propos ne pourroient plaire finõ
a'ceulx que ie aurois reuocquez & retirez de
ceſt erreur, & leur aurois monſtrẽ les perilz
ou ilz fuſſent tũbez,fil euſſent fuiui le chemin
quilz auoient deliberé a par eulx de prendre,
queſt il cõprins a ce que iay allegué, qui con
uienne,& foit de necefsité eſtre dict en tout
lieu,& fut ce deuant les princes.

⁊ Or fil fault taire, & obmettre les abuz
que les hommes ont faictz par leur vie mau
uaifé,comme fi ce fut chofe infolente eſtran
ge & non accouſtumée de le dire, par femblä
ble raifon il fault que nous difsimulons entre
les chreſtienz toutes les chofes que noſtrefei
gneur Iefuchriſt à enfeignées & a tant deffen
du que on ne les difsimule : en forte que ce
quil a dict en fecret mefmes a fes difciples , il
a commandé eſtre prefché publicqnement,
defquelles chofes la plus gräde partie eſt bien
plus eſtrange aux meurs de ce temps prefent,
que ne font les patolles que iay dictes.

⊂ Io

✱ Ie croy quaûlcunz prefcheurs, perfonnaiges fubtilz ont enfuiuy ton confeil, lefquelz
apres auoir remonftré la parolle de dieu
les hômes auec difficulté toutefois fouffroiét
leurs mœurs eftre conformées à la reigle de
Iefuchrift, puis pource que fa doctrine leur fê-
bloit trop pefante & difficile a faire, ilz la feirent quadrer & côuenir à leurs mœurs & maniere de viure, affin quen cefte forte les com-
mandementz de Iefufchrift & leur vie mauuaifes fuffent conioinctz enfemble. En quóy
ie ne voy point quilz ayent rien profité, fi nô
quilz eftoient plus affeuréement mauuaiz.
❡Certes fi ie eftois au confeil des princes ie y
profiterois autant, ou ie ferois d'oppinion cô-
traires aux aultres, qui me vauldroit autant
comme fi ie n'auois rien opiné, ou ie ferois
conforme à leur dire, & pour coadiuteur de
leur follie, comme dict Mitio en Terence.
✱ Ie n'entend point bien ce que tu dis quil
fault proceder par vne voie foraine & menée
oblicque quand on eft au confeil des princes,
par laquelle on fe doibt efforcer ainfi que tu
es d'oppinion, que fi toutes chofes ne peuuét
eftre rendue bonnes, qu'elles foient traictées
commodément, & foiét faictes le moins mauuaifes qu'on pourra.
❡Certes ie ne puis concepuoir ton dire, veu
qu'an confeil, il n'eft permis de rien diffimuler ne pallier, les opinions mauuaifes, il les
fault approuuer apertement, & fe confentir
aux

aux ſtatutz pernitieux & peſtilent. Celuy qui
blaſmera vne mauuaiſe opiniõ,ſera tenu pour
eſpie,ou quaſi cõme vn ͺpditeur. Ie ne treuue
point qu'entre telz conſeillers vn homme de
vertu y puiſſe profiter,pour ce qu'ilz gaſterõt
plus toſt vn perſonnaige bien reputé , qu'ilz
neſe corrigeront.

℃Ou il ſera par leur manuaiſe conuerſation
depraué, ou luy eſtant innocent & entier,ſe-
ra couuert & chargé de la malice & follie
d'aultruy,voila comme ie penſe que par ceſte
palliation & diſſimulation que tu dis , rien ne
ſe peult conuertir en mieulx. Pourtant le Phi
loſophe Platon donnne à cognoiſtré par vne
treſbelle ſimilitude ,pourquoy à iuſte droict
les ſaiges ſ'abſtiennent de vouloir prendre le
regime de la republicque:Quãd(dit il)les per
ſonnaiges pendentz voient le peuple,ͺparmy
les carrefours & places publicques reſpandu
qui ſe laiſſe mouiller a vne groſſe pluye qui
chet inceſſamment d'enhault,& ne luy peuuent meĉtre en teſte,qu'il ſe mette hors de la
pluye,& quil cherche le tapy ; cognoiſſantz
donc quilz ne gaignerõt rien ſilz ſaillent hors
ſinõ quilz ſeront mouillez cõme les aultres,
ne partét de leurs maiſõs:& leur eſt aſſez,puis
quilz ne peuuét remedier à la folie daultruy,
de ſoy tenir en lieu ſeur. Certes amy morꝰ (aſ
fin q̃ ie le die à la verité ce que i'ay a la fãtaſie)
il me ſemble qué toutes partz ou les biés ſõt
particuliers, & ou on meſure toute choſes
à la

·ꝗ prudens

à la pecune, en ce lieu là, a grãd peine peut on
iamais faire, quune republicq soit traictée iu-
stemẽt &eureusemẽt, si tu ne dis que ceste qui
té, quãd to⁹ les pl⁹ grãds biẽsviẽnẽt es mains
des pl⁹ meschãtes psonnes, & si tu nes doppi
niõ que cest felicité, quãd toutes choses sont p
ties & diuisées entre peu de psonnaiges. Veri
tablemẽt lesdictz psonnaiges nõt eu lesdictes
possessiõs cõuenablemẽt, veu quil nya seule-
mẽt queulxqui ayẽt les biens, & les aultres de
meurẽt pauures & miserables, pourtãt quãd a
par moy ie cõsidere les tresprudentes & tres-
sainctes cõstitutiõs des Vtopiens, enuers lesquelz, le biẽ public est tãt biẽ & aptement re-
gy auec si peu dordõnãce, qua vertu est dõné
le prix. Et cõbiẽ q̃ tout soit egalle, nõobstãt vn
chacũ a des biẽs a plãté. Cõsequemmẽt quãd
ie cõpare a leur maniere de faire tãt de natiõs
lesquelles font tousiours quelques ordõnãces,
& ny en a pas vne qui soit bien ordonnée, certes ie ny treuue nulle comparaisõ. Entre icel
les ce quvn chacun acquiert, il nomme ce biẽ
en la, son propre, & cõbiẽ que tous les iours
il se face en ces contrées nouuelles loix &
statutz, toutefois ne semblent estre de grande
force, car les hommes entre eulx ne peuuent
iouyr de leur bien particulier paisiblement ne
le garder, ne le cõgnoistre lun dauec lautre.
✳Ce que no⁹ demõstrẽt facilemẽt les procez
infinizq sourdẽt to⁹ les iours, & qui ne prẽnẽt
iamais fin. Quãd ie pense toutes ces choses ie
suys

quid faciunt
leges, ubi
sola pecunia
regnat.
Petronius
p. 30. edit.
1693.

suis d'oppiniõ cõforme à celle de Platõ:& ne
mesmerueille point si daigne oncqs faire loix
à ceulx qui refuserent de viure en cõmũ. Cer
tainement ce prudent personnaige prenoit e-
stre la seule voie du salut publicque,si les hom
mes viuoient en communité de bien,ce qui
ne ce peut iaimais faire ou il y a propriété.
¶Quand vn chacun en attire á soy autant
qu'il peult combien qu'il y ait abondance de
biens au monde,& que peu de personnes par
tent entre eulx tout l'auoir,ilz delaissent aux
aultres pauureté & indigence:& aduient que
les pauures auroient beaucoup mieulx merité
auoir si opulente substance,que les riches:car
les riches sont rauissantz,mauuais & inutiles:
au contraire les pauures sont modestes,sim-
ples,& de leur iudustrie quotidiane plus libe-
raulx & courtois à la republicque,qu'a eulx
mesmes. Ainsi ie suis d'aduis qu'un biẽ public
ne peut estre iustement & eureusement admi
nistré,si non osté ceste proprieté de biens:& si
elle demeure entre les mortelz. La meilleure
& la plus grand' partie des hommes demeure
ra en indigéce,calamité & anxieté.Et combiẽ
quon peust aulcunement soulaiger lesdictes
nations viuantes en proprieté,si ne leur seroit
on tollir,plainement pauureté & misere.
¶Vray est qu'en ordonnant qu'on possedast
certain nombre de terres,& non plus qu'il seroit licite,& qu'un chacun fust taxe de payer
tribut au prince,selon,la vraye & legiti-
me

me eftimation de fes biens, la chofe fe pourroit adoulcir. Pareillemét que le príce ne fuft
trop riche, le peuple trop arrogãt, quil ny euft
ambition aux offices & dignitez, & quelles ne
fuffent baillées au plus offrant, & quon ne fift
fi gros fraiz á les auoir: car par cela eft donnée
occafion aux marchantz den reffaire leurs deniers par fraude & rapine. Ainfi il eft de neceffité, puis quon y va par argent, de preferer les
riches aufdictes offices, ou on feroit beaucoup
mieulx dy metre gens prudentz & difcretz cóbien quilz fuffent pauures.

La ou regne telle particularité de biens,
les abuz peuuét bien eftre adoulciz mitiguez
par les ftatutz deuant dictz, mais de les corriger & extirper totalement, il ny fault point a-
uoir defperance, nó plus quon á dun corps há-
bandonne des medecins, lequel on peult faire
viure plus longuement par quelques applica-
tions, appareilz, ou reftaurant, mais de le reduire en fon embompoinct il eft impoffible.
Quand on sefforcera dauoir la follicitude dun
membre, on rendra les aultres plus mallades,
ainfi naiftra de la medecine dun, la mallade
de lautre, puis quon ne peuft bailler á lun,
quon nofte á lautre.

Il meft aduis tout le contráire difie, & fuys
doppinion que la ou toutes chofes font communes, quon ny peut viure aptement & commodément.

Comme y aura il abondance de biens, la
ou vn

ou vn chacun sexemptera du labeur, quaurãy
ie affaire de tormēter mon coeur & mõ corps
a besongner,quand lesgard de mon gaing &
profift ne my cõtrainct point. La confiance
que iauray à linduftrie daultruy me rendra nõ
challant & pareffeux. Si de hazard iay deffaul
te,& iay beaucoup trauaillé a amaffer dubien
toutefois il ne meft permis par nulle loy de le
cõferuer,& men ayder,par cela on vient à mil
le meurtres,& perpetuelles feditions. Ie ne
puis reduire en ma memoire que police puiffe
eftre,entregens ou il nya different & difcrime
de perfonnes,& ou vn chacũ eft maiftre,ie ne
mefba hy point dit il fi tu as cefte aprehention
la,car tu ne confidere au vray la chofe comme elle eft,ou fi tu en as quelque confideratiõ,
tu la digeres mal. Certes fi tu auois efte auecques moy en lifle d'Vtopie, & euffent veu à
loeil la maniere de viure,& les ftatutz du pais
cõme iay faict,(qui y ay demeure & vefcu pl⁹
de cinq ans,& iamais ie nen euffe voulu partir
fi neuft efté pour manifefter cefte nouuelle
terre)tu cõfefferois que tu naurois veu en nul
endroict du monde vn peuple mieulx enfeigne & ordonné que ceftuy la veritablemẽt
dift Pierre Gille a grande difficulté me met,
trois tu en tefte,quil y euft en ce nouueau pais
vne gent mieulx arroiée & eftablie,quen ceftuy,ou il nya pas moins bonsefpritz,& ou les
republicques foint ce pence ie de plus grande
anciennete,& ou le longvfaige à trouue main
tes

tes chofes commodes & conuenables à la vie
fans toucher à ce qui à efté inuenté daduenture & cas fortuit, ce que nul efprit neuft fceu ex
cogiter.

✳Quand à lantiquité des republicques dict il
tu parlerois aultremét & plus veritablemét fi
tu auois ouy pler les hyftoriés de cefte regió,
en la quelle, fi nous voulons croire à leurs dictes chronicques, il y auoit des villes fituées,
premier quil y euft des hommes en la noftre.

✳A cefte heure tout ce qui a efté trouué iufques icy par engin humain, ou par cas fortuit,
il a peu auoir efté en lun & lautre lieu, ceft a-
dire en noftre pais & au leur auffi.

✳ Quand au demeurant ie pence bien que
nous fommes gés de plus grád efprit queulx.

✳Mais deftude & induftrie, pour certain ilz
nous furmontent de beaucoup.

✳Or ainfi que contiennent leurs chronicques
auant que noz manieres abordaffent en leur
terre, ilz ne cognoiffoient rien de nous, quilz
appellent Vltrequinoctiaux, ne de noz affaires, & fi nen auoient iamais ouy parler, finon
depuis mille deux cétz ans, de hazard quelque
nauire en leur ifle perit, qui yauoit efte portée
par tempefte, & quelques Rommains & Egy-
ptiens qui eftoient dedans fi fauluerent, & vin
drent à port, & ne partirent iamais de le para
pres.

✳Or q̃ feirét lesvtopiés, apres auoir receu ces
pauures marigniers cefte opportunité venant
daduenture

daduenture leur fut grandement commode
par leur induſtrie:car il ny auoit rien par tout
lempire Romain,dont il leur en pouuoit venir
quelque fruict,quilz naprinſſent de leurs ho-
ſtes, ou quilz ninuentaſſent apres auoir tant
ſoit pour interrogué des choſes,voila le grād
bien qui leur aduint de ce quaulcunz de pardeca furent tranſportez en leur cōtrée.

꙳ Or ſi quelque ſemblable fortune a aultre-
fois contrainct aulcun deulx eſtre deiecté par
turmente en ceſtuy noſtre pais,il nen eſt non
plus de memoire quil ſera poſſible quelque
temps,que iay eſté au leur.

꙳ Et tout ainſi quincontinent quilz ont reçeu
vne choſe de nous inuenteé,qui leur eſt vtile,
la font ſienne,au contraire ię croy quil ſera
long temps,auant que nous prenons vn affaire deulx mieulx eſtably,quil neſt en noſtre cli
mat,qui eſt la ſeule cauſe que leur republicque eſt plus prudemtement adminiſtrée, &
plus eureuſement fleuriſt que la noſtre.

꙳ Doncques amy Raphael diſie, ię te prie
exprime nous ceſte iſle, & ne ſois brief,
Ains declaire nous par ordre les champs, les
villes,les hommes,les meurs,lés ſtatutz ; les
ordonnāces,& toutes choſes que tu youldras
que nous cognoiſſons.

꙳ Ie penſe quil te plaira bien nous expliquer
tout ce de quoy nous nauons encore la cor-
gnoiſſance. Ie ne feis iamais rien dit il de meil
leur cœur,& ſuis tout preſt quand vous voul-

                                         drez,

vouldrez,mais la beſõgne requiert biẽ auoir
le loiſir. Allons donc diſic la dedans diſner,&
toſt apres nous prendrons l'opportunité à noſtre veuil ſoit faict dit il.

¶ Or apres que nous fuſmes entrez en mõn
hoſtellerie nous diſnaſmes, & apres diſner
nous retourmaſines en noſtre meſme lieu,&
nous ſeimes au meſmes ſiege,commandames
à noz ſeruiteurs qne nul ne nous rompiſt &
empeſchaſt, puis moy & Pierre Gilles admõn
neſtans Raphael de nous tenir ce quil auoit
promis.& quand il vid que nous eſtions entẽ
tifz,& cõuoiteux d'ouir,quelque peu deſpace
en ſilence & penſif ſ'aſſeit,puis commença en
ceſte maniere à parler.

Fin du premier
Liure.

E

Thomas Morus.

BISLE DES VTO-
piens par le meillieu, qui est
fort plantureux, a de largeur
& estendue deux lieues : &
nest gueres moins estroicte
par tout, si non que vers les
deux boutz, tant dun, costé que daultre petit
à petit elle setresse. Ceulx du pays, quasi co.n
me silz lauoient cõpassée luy donnent de tour
deux centz cinquante lieües, & la figurét tout
ainsi qu'vn croissant la mer qui flue entre les
deux coingz, à gasté & rompu bien enuiron
cinq lieües de terre, laquelle si respand par vn
grand pays vuide, & nest subiect à ventz ne
tormentes

tormentes,pource que tout à l'entour les terres y ſont haultes & eſleuées.L'eau y eſt dor-
mante & coye, & ſemble eſtre vn grand Lac,
qui ne faict dommaige à rien. Tout le meillieu preſque de ce territoire ne leur ſert quede
port,& tranſmet les nauires en toutes regiõs,
au grand profiſt & vtilité des humains.

℄Les deſtroictz de ceſte mer ſont dangereux
& redoubtables,pour les rochiers,& guez qui
ſont en ce lieu.Au meillieu forment de la di-
ſtance & interualle ,entre ceſte iſle & le pays
circonuoiſin en la mer.y apparoiſt vn rocher
qui ne leur eſt nuiſible,ains leur ſert de fortereſſe contre leurs ennemyz.Il ya daultres Rochiers dens la marine cachez qui ſont dangereux. Le canal de ceſte mer,a eulx tous ſeulz
leur eſt çongneu,parquoy quand quelque e-
ſtranger veult entrer en ce bras,fault qu'il ſoit
guidé par aulcun vtopien,&ceulx meſmes ny
oſent entrer,ſilz ne fichent quelques paulx,
qui leur monſtrent du riuaige le chemin ſeur.

✳ Certainement ces paulx icy plantez en
diuers lieux, pourroient facilement endom-
maiger quelque grand flotte de nauires d'ennemyz,qui illec aborderoient.

✳ De laultre coſté de ceſte iſle ya force ha-
ures,& pour entrer en ceſte terre,fault deſcẽ
dre de toutes partz,& ſont ſi muniz & for-
tifiez , tant de la natture du lieu , ou par
art , qu'vn gros excercite de gens de
guerre peult eſtre repoulſé de la auec

Le lieu
ſeur de na
ture eſt de
fendu &
garde dun
rocher qui
luy ſert de
fortereſſe.

E ii   petit

petit train de foldadz. Dauantaige ainfi quon
dift, & ainfi que laffiete du lieu le môftre, cefte
terre au temps paffé neftoit ceincte de mer,
mais le duc vtopus, qui en leur langue fignifie
vaincqueur, & du quel lifle porte le nom, car
au parauant eftoit appellée abraxa, & qui intro
duifift ce peuple rude & agrefte à telle religiõ
& humanité, que maintenant furmonte prefque tous les viuantz, foudain à la premiere ar
riuée conquefta cefte ifle & demeura vaincqueur: puis du cofté ou elle fe ioignoit à la ter
re voifine qui neftoit point ifle en feift couper
bien fept lieues & demie, & feift paffer la mer
tout en tour.

§ Or a cefte befongne ne contraignit il feulement les habitantz, eftranger, affin quilz ne
reputaffent ce labeur a iniure, ains auffi mefla
enfemble tous fes fouldadz, & quand ceft ouuraige fut liuré & diftribué a fi grande multitude de gens, la chofe fut mife afin dune merueilleufe & incredible diligence. Les voifins
qui au commencement fe mocquoient, de ce
fte folle & vaine entreprife, fefmerueillerêt &
eftonnerent den veoir leffect eureux.

§ Cefte ifle contient cinquante & quatre
villes, toutes plantureufes & magnificques,
dune mefme langue, de femblables meurs,
ftatutz, & ordonnances, toutes dune mefme
fituation, & par tout entans que le lieu fi a-
donne, dune mefme femblance. Celles qui
font les plus prochaines, ne different point
plus

Vtopie di
fte & nom
mée dVto-
pie leur
prince.

Les villes
de lifle dV
topie.
Similitu-
de eft cau-
fe de con-
corde.

plus loing l'vne de l'autre que de douze lieues.
Dauantaige il ny en a point de fi loingtaine,
qu'on ny puiffe aller à pied en vn iour de lune
à lautre. De chacunne ville on eflit trois bons
vieillartz bourgeois, biē experimētez, qui tous
les ans fe tranfportent à la ville d'Amaurot
pour traicter des communz affaires de Lifle.
Certes cefte ville eft la capitalle, pour cē quel
le eft plantée au' meillieu de cefte terre, & a
raifon quelle eft opportuné aux ambaffades
qui peuuent venir de tous coftez. Les champs
font fi commodement affignez aux citez, que
nulle de cofté & dauldre, na moins de dix
lieues de terre. Aulcunes en ont plus, felō quē
les font feparées les vnes des aultres, nulle vil
le na couuoitize daugmēter & efcroiftre fes
limites, pour ce quilz ont des laboureurs quilz
eftiment eftre mieulx' maiftres de la champai-
gne, queux mefmes. Ilz ont par tous les chāps
des logis bien equippez & eftorez de rufticques inftrument. Les bourgeois chacun à fon
tour y vont, demeurer En vne famille ruftic,
que il ne font point moins en hommes & fem
mes que quarante, fors deux feruiteurs qui y
font adiouftez de furplus, & fur tout cela yā
vn pere de famille & vne maiftreffe demaifon
graues & faiges, qui ont la charge, à chacuné
trenteine de familles eft conftitué vn chef, ca
pitaine & dominateur, qui fappelle P hilarc-
que, ceftadire amateur de principaulté. de chā
cune famille tous les ans de ceulx qui ont de-

E iii   meuré

Petit inter
ualle entre
les villes
d'Vtopie.

diftributiō
des chāps.

Le cōtrai
re ce faict
maintenā t
par toutes
les repub
cques du
monde.

Le princi-
pal foing
c'eft du la-
bouraige.

meuré deux ans aux champs,il en retourne à
la ville vingt,& en leur lieu on en renuoie de
la ville autant de nouueaux affin quilz ſoient
inſtruictz de ceulx qui ont eſte au villaige vn
an,pour ce quilz ont occaſion de ſcauoir plus
du labouraige & affaire châpeſtre , que ceulx
qui ny ont point encore veſcu.

✳Or les derniers ont touſiours le ſoing de
monſtrer à ceulx qui y doibuént venir lan en-
ſuyuãt.Car ſilz eſtoiét tous nouueaux & igno
ranz ent lart dagriculture,il en pourroit aduc
nir accident pour lannée,qui ſeroit chetté
de viures.Combien que tous les ans ilz ayent
ceſte couſtume de renouueler & rafreſchir
leurs laboureux,ſi eſt ce que ſi aulcũ ſe treuue
faſché du trauail,& aſpre maniere de viure, il
ny eſt continué plus longuement oultre ſon
vueil:au côtraire ceulx qui de leur naturel ay
ment la vie ruſticque,& ſe plaiſent aux chãps
ilz impetrent y eſtre long temps.

Loffice des
labou
reurs.
Merueil-
leuſes ma-
niere de
faire cou-
uer les
oeufz,

☞Les laboureurs cultiuent la terre,nourriſ-
ſent des beſtes,accouſtrent du boys,& le por
tent par terre ou par mer à la ville,ou il eſt ap
te,& cômunemét.Ilz nourriſſent vne infinité
de pouiletz par merueilleux artifice.

☞Les poulles ne couuent point les oeufz,
mais ilz les mettent dens quelque fournéau,†
en grand nombre & deſſoubz vn feu lent &
doulx,puis les tournent ſouuent,& ainſi leurs
donnent vie:Lors quand ſont ſailliz de leſcal
le,ſuiuent les hommes au lieu de leurs meres,
& les

† Cela ſe pratique en Egypte et nous
l'avons eſſaié en france dans le pñt
ſiecl.(185)

& les cognoissent, ilz nourrissent peu de cheuaulx, & nulz silz ne sont de cœur, & nõ point
à aultre vsaige, si non à exerciter les ieunes
gens à bien cheuaucher & picquer vn cheual les bœufz ont toute la charge de labourer & porter les faix : pource quilz ne sont
pas si impetueux que les cheuaulx, & sont
plus patientz au trauail, & ne sont si subiectz à malladies, ne de si grande despence
& coust, puis quand ilz ne peuuent plus rien
faire, on les engresse, & seruent de viande,
ilz sont du pain des grains qui croissent en
ce pays, ilz boiuent du vin, pommé, du pe-
ré & de plusieurs aultres breuages aulcunefois de leau toute pure, & souuent de leau
cuicte auec du miel, ou auec vne herbe quon
appelle Glicirize, qui est moult doulce, & en
ont grand abondance, aussi ilz sont fort curieux de la cultiuer & garder.

Lusaige des beufz

La viande & breuaige des Vtopiens.

✶ Aussi sont ilz fort prouides, & prenent
curieusement garde combien peult vne villes despendre de bien tout du long de lannée, & les congregations & assemblées, qui
se font aulcunefois aux villes.

✶ Ce non obstant ilz font plus de grains, &
nourrissent beaucoup plus de bestes, quilz
ne scauroient consummer, mais le demeurant est distribué & departy aux voisins, de
toutes choses quelcóques, de quoy ilz ont affaire & n'ont poît auvillaige, ilz vont demãder

E iiii   tout

tout cela aux villes, & ne fault poinc trafic-
quer ne marchander pour les auoir:les officiers de la ville leur deliurêt. Plufieurs le iour
de la feíte tous les mois viennent aufdictes

Grand nō bre de gés fert beau-coup à la befongne. villes. Quand laouft aproche,les Philarcques viennent de noncer aux gouuerneuts des vil-les,combien il fault enuoier de citoiens pour aider à faire ledict aouft,& quand tout le nom bre d'aoufterons eft amaffé enfemble,au iour qui eft dict,ilz font tout laouft,quafi en vn iour de beau temps.

Des villes,& fpecialement de la
ville d'Amaurot.

Qui

Amaurot

QVI A CONGNEV. vne de leurs villes , il les , à toutes congneues: pour ce qu'elles ſont toutes ſembla-bles,ſi la nature du lieu n'y repugne &empeſche,i'en ex primeray doncques quelcunnes, & ne peut chaloir laquelle, mais ou pourroiſie mieulx me prendre , qu'a la ville d'Amaurot, qui eſt la plus digne dentre les aultres,& à la quelle toutes les aultres portent honneur, à raiſon du parlement qui y eſt:& auſſi pour ce que ie la cognois mieulx car i'ey ay demouré cinq ans entiers,doncques la ville d'Amaurot eſt aſſiſe en vne deſcente de montaigne, qui n'eſt roide ny aſpre,ains aiſée & doulce, & eſt

La deſcri-ption de la ville dA-maurot ca pitale des Ytopiens,

de ſorte

de forte prefque carrée, la largeur de icelle cō
mence vn peu plus bas que le fommet de la
cofte, & contient deux mille pas, qui eft vne
lieue, & tend à la riuiere d Anidrus elle à de
longueur quelque efpace d'auantaige iouxte
la riue dudict fleuue.

Anydrus prend fa fource au deffus de la
ville d'Amaurot quarante lieues, d'vne petite
fontaine, mais fon cours s'augmète par la ren-
contre des autres fleuues qui viennent tūber
dedens, & entre aultres de deux moyens, tant
que deuant la ville il a d'eftente vn quart de
lieue, toft apres defcendu plus bas de trente
lieues, eft encore plus enflé, & adonc entre
dens l'Occean.

Le floc entre la mer & la ville, & encore
au deffus plus d'vne lieue, va & vient legiere
ment fix heures continues tous les iours quād
la merfe deborde, elle occupe le canal d'Any
drus, bien quinze lieues de lōg, en repouffant
en arriere l'eau de ladicte riuiere, plus oultre
elle corrompt aulcunnemētlde fa faline la li-
queur d'icelle riuiere: puis apres petit a petit
s'adoulciffant, pure & claire vient a couler par
la fufdicte ville ainfi purifiée fuit quafi iufques
a fon deftroict & huis, la mer qui fen retourne, fus le fleuue d'Anydrus y a vn pont, non
point de boys, ains de pierre, excellemmient
faict en arches, qui trauerfe depuis le bord
oppofite a la ville, iufques a ladicte ville, du co
fté pui eft fort efloigné de la mer, affin que les
nauires

[marginalia left column:]

La defcri
ption de
la riuiere
d'Anidrus

Le fembla
ble ce faict
en angle-
terre a la
riuiere de
Tamifequi
paffe par
Londres.

En ceci
cōuien-
nent Lon-
dres & A-
maurot.

nauires puiffent paffer cedit cofté fans empef
chement les Amaurotins ont vnt aultre riuie
re, non pas grande mais coie & plaifante, icelle prent fa fource de la mefme montaigne ou   L'ufaige
eft affize Amaurot, & coulât par les baffiez de   d'eau doul
la ville, paffe par le millieu d'icelle, & chet dés ce bonne a
Anydrus: & pource que ledict ruiffeau, partoit   boire.
vn peu de dehors la ville, par engins & fubtili
té les habitans l'ont ioincte à leur cité , affin
que fi de hazard il furuient quelq impetuofité
d'ennemis, leau ne peut eftre occupée, deftour
née, ou corrompue, ainfi par cahotz & canalz
faictz de bricque en diuers lieux par les baffes
parties de la ville leaue flue : & aux háultiers,
ou l'eau ne peut môter , ilz ont des cifternes,
ou la pluye f'affemble, qui n'eft pas moins vti
le, que l'inuention des cahotz, la ville eft cein
cte de murs haultz & efpes , ou il y a force   La muni-
tours & baftillons , aux foffez nya point deau,   tion des
mais font profundz & larges, & pleins de buif   murailles.
fons & efpines, ilz circuiffent la ville dun cofté
& des deux boutz , de laultre cofté la riuiere   Comme
fert de foffez, le deuis des rues eft faict propre   font les rues.
mêt & cómodemêt, tant pour les voitures &
charroy, que pour limpetuofité des ventz, les   Les edifi
edifices ne font laidz, & font plátez pár ordre   ces.
& rengez tout le long des rues, qui ont de tra
uers vingt piedz, derriere les maifons, autant   Les iardis
que les rues en emportent por iardins larges   iointz aux
& plantureux, contiguz, qui font de tous co-   maifons.
ftez bien cloz des derrieres defdictes rues, il
n'y a

n'y a maiſon qui n'ayt huis en la rue, & vn gui
chét ou poſtes aux iardins, ou quelques por
tes qui ſe ferment a clenche, & ſ'ouurent faci-

Ceci ſent
ſa commu
nité platŏ
nicque.

lemēt de la main, puis ſe refermēt tout par el
les, & chaſcun entre par la qui veult, ainſi ny a
rien entre ce peuple, qui ſoit propre ou particulier, de dix ans en dix ans, ilz changent de
maiſons, par ſort faict entre eulx, ilz tiennent
grand compte de leurs iardins, dedens iceulx

L'utilité
des iardis
ſort louée
par virgile

ont vignes, fruictz, porées, herbes, & violet-
tes, ſi biē acouſtrées & ſi belles, que ie ne veis
oncques en lieu ou ie fuſſe choſe plus honneſte, ne plus fructueuſe ilz ont ſi grande curioſi
té de bien acouſtrer leurs iardins, que ſouuent
font diſpute, rue contre rue, a qui a mieulx la
bouré ſon iardin, en ſorte que par toute la vile
ſouuent on ne trouuera choſe plus pertinen-
tes, & vtiles a luſage, & plaiſir des citoyens,
que le reuenu deſdictz iardins, parquoy il ſem
ble que celuy qui conſtruiſit ceſte ville, miſt,
plus ſon eſtudie à ordonner de beaux iardins,
que nulle aultre choſe.

꙾ Ilz diſent que leur prince nommé Vtopus, des le commencemēt feiſt le deuis de ceſte vile, mais quand a la bien agencer & ſor-
ner ainſi comme de preſent elle eſt, pource
qu'il voioit que l'aage d'un hŏme n'y euſt peu
ſuffire, il en laiſſa faire à ſes poſterieurs.

꙾ Ilz ont en leurs annales (ou eſt cōprinſe
toute l'yſtoire d'Vtopus) leſquelles ilz gardēt
ſoigneuſemēt cŏme vne ſainte reliçq̄, & ont
gardé

gardé mil fept centz foixante ans apres l'Ifle
prinfe par ledict Vtopus,comme les maifons
au commencement eftoient baffes , ainfi que
loges & cafes paftorales,affez lourdement ba
fties de toutes fortes de bois,les parois endui-
ctes de terre , le comble erigé en poincte, &
couuert de chaulme , mais maintenant , font
toutes a trois eftages,les parois de caillou bri
fé,pierre de taille,ou bricque, & le dedens ré
pli de ciment ou mortier.

† Les edifices font haultz,faict a terrace,ilz
battent & brifent quelques matieres , qu'ilz
eftendent & couchent deffus , qui ne font de
grand couft,tellement que cefte mixtion ainfi
meflée & incorporée,ne crainct ne le feu , ne
le vent,ne la tempefte,ne la pluye, & eft com
me vous direz fablon de riuiere , & eft beaucoup meilleure que le plomb.

2 Leurs feneftres pour empefcher le vent
munies de voirre, & en ont en ce pais en grã
de abondance.

* Ilz font pareillement leurs feneftres de
toille fine deliée & menue , laquelle eft huil
lée de huille claire,ou d'ambre,dont il en fort
double commodité,car elles font plus luifan-
tes,& y entre moins de vent.

Voirrines
faictes de
voirre &
auffi den
ne toille.

Des

♫ Des officiers & Gouuerneurs des villes.

Tranibore en langue Vtopienne sig nifie preuost ou bailliff en la nostre.

HACVNNE TRENteine de familes, tous les ans essisent vn maistre & gouuerneur pour soy, lequel en leur vieille langue est appellé Syphogrant, & en lãgaige moderne phylarcque, Vn tranibore anciénemẽt ainsi nommé, maintenant prothophilarcque est chef & superieur de dix Syphograntz auec leurs familes, finalement tous les Syphograntz qui sont deux centz en nombre, iurent quilz essiront le plus idoyne & vtile à la republicque, & par secrete election ilz exprimẽt & publient

publiēt de quatre perfonnages que le peuple
leur aura nommez vn pour eftre leur roy, de
chacunne quarte partie de ville, on eflit vn,
qui eft recōmandé au fenat, l'office d'un prince dure toute fa vie, fil n'eft foufpeçōné de tyrannie, tous les ans ilz eflifent des Tranibores
mais ne changent point fans caufe, toutes les
aultres offices font annuelles, les Tranibores
de troys iours en troys iours, fi aulcūnesfoys
le cas le requiett, viēnēt au cōfeil auecƺ le prin
ce le plus fouuēt, ilz cōfultent de la republicꝗ
& mettēt fin aux matieres & cōtrouerfes d'ū
chafcū en particulier, (fi aulcūnes foffrēt) dif-
cretēmēt & meurement, toutosfoys il ne f'en
treuue gueres, le fenat retire à foy toufiours
deux fiphogrātz, & to⁹ les iours de nouueaux,
& ont par ordōnāce ꝗ riē n'eft ratifié, en tant
qu'il touche la republicꝗ, qu'il ne foit premierement difputé par trois iours a la court, aincois ꝗ eftre decerné, ceft crime capital de cō-
fulter des affaires cōmūs hors du fenat, & cō-
uētions publicꝗs, leurs ftatutz à cefte raifon
font faictz, affin qu'ō ne f'encline à chāger l'e
ftat de la republicꝗ, par la cōiuratiō du prince
& des Tranibores, & ꝗ le peuple ne foit oppri
mé par tyrānie, pourtāt to⁹ iugemērz ꝗ font
de grāde importāce, font differez à la cōgrega
tiō des fiphogrātz, lefꝗlz aꝑs auoir cōmunic-
qué la chofe auec leurs familes, la confultent
entre eulx, & publient leur opinions au Senat. La matiere aulcunnesfoys paffe par le
confeil

Tyrannie audieufe a vne republique biē ordonnee.

Soudain mettēt fin aux procēs & aux autres pais on les alon gē tout a grē.

On ne doibt rien eftablir a la legiere.

Pleuſt a
dieu que
ainſi onfit
pour le
iourd'hui
en noz
courtz

conſeil de toute l'Iſle, le ſenat auſſi a ceſte con
ſtume, que le iour qu'on aura propoſé vn affaire, ce meſme iour on n'en diſpute point,
ains eſt reſerué à la court prochainement en
ſuiuant, affin qu'il n'aduienne que quelqu'un
die follement tout du premier coup ce qui luy
viendra à la bouche & puis conſiderant qu'il
a mal parlé, penſe par apres quelques raiſons,
pour plus toſt ſouſtenir ſon indiſcret iugemēt
que ſe deſdire honteuſement, pour l'utilité de
la republicque, & aymēt mieulx la perte du ſa
lut publicque ; que ſa ſotte opinion, de
peur quon ne die qu'il auoit mal o-
piné au cōmencement, & qu'il
debuoit prendre garde a par
ler plus ſagement,
que legiere-
ment.

Des

HOMMES ET FEM-
mes infidellement ʃe meʃlēt
du labourage & ne y a celuy
ne celle qui nen ʃache, toùs
& toutes des leur enfance y
ʃōt Iʃtruictz, on leur en faict
lecons es eʃcolles, pareillemēt aux champs
plus prochains de la ville, on les y maine non
pas ʃeulement par maniere de paʃʃetēps, &
pour veoir mais pour exercer leurs corps a'ce
dict meʃtier,& pour y beʃongner, oultre l'a-
griculture(qui eʃt comme iay dit commune
a tous)vn chaʃcun aprend quelque aultre art
comme ʃon propre.

✝ Indifferāment-

Chaʃcun
ʃe meʃle en
Vtopie de
agricultu-
re & en
nozregiōs
y en a peu
encore ʃōt
ilz contē-
nez & deʃ-
priʃez,

F   ʃ❧ Et

On doibt apprendre meſtier pour la neceſsite de vie nõ pour la ſuperfluité.

Les vtopiés ſe veſtent preſque tous d'une meſme guiſe.

Nul citoié n'eſt deſguarni d'au cun artifice.

Vn perſõ naige ſe doit aplicquer ou ſa nature l'attire.

Et les meſtiers qui ſont les plus cõmuns en ce pais,ce ſont drappiers , teliers ou tixet. rans,macons,charpétiers,mareſchaulx & fer gerons,il n'y a point d'aultres meſtiers en ce ſte regiõ,qui ſoient mis en cõpte, & dignes d'eſtre nõmez, les habitz par toute ceſte iſle, ſont tous d'une meſme facon , fors les veſte niẽtz de femmes qui differẽt de ceulx des hõ mes,& ceulx des gẽs nõ mariez , de ceulx des mariz ceſte ſorte d'habillementz dure touſ iours aĩſi, & n'eſt pas laide à veoir,elle eſt apre & aiſée au mouuement du corps, cõuenable & decente au froit & au chault ſont ouuriers de faire leurs acouſtremẽtz meſmes, mais de ces aultres meſtiers icy q̃ iay nõmez,vn chaſ cũ en apréd quelqu'vn, & nõ pas les hõmes ſeulemẽt,ains auſſi les femmes, & pour autãt qu'elles ſont plus foibles, tendres & delicates que les hõmes,elles ſ'applicquẽt a choſes plus legieres,cõme a drapper , & faire les toilles, aux hommes eſt dõnée la charge des artifices plus penibles,vn chacun pour la plus grand part eſt entretins au meſtier dequoy eſtoit ſõ pere,car naturellemẽt pluſieurs ſi adõnét , or ſi aulcun a ſa fantaſie ailleurs,il eſt trãſmis par adoptiõ à la famille,au meſtier de laq̃lle il ſ'ap plicq̃,& le pere ne prẽt ſeulemẽt le ſoig, mais auſſi les officiers,que ledict ouurier ſoit mãci pé &priué du droict de ſondict pere de famile cõbiẽ qu'il ſoit graue & hõneſte perſonne,pa reillemẽt ſi q̃lqu'un apres auoir apprins q̃elq̃
artifice

artifice,a defir d’en aprendre vn aultre , il luy
eft permis, lors quand il fcait les deux il faict
le quel qu’il veult , fi la cité n’a affaire de l’un
& de l’aultre,l’office principal & quafi feul,des
Syphogratz eft predre garde & eftre foigneux
que aulcu ne gife en oifiueté,mais qu’vn chafcun face ifnellement & diligemment fon meftier , non pas qu’il trauaille depuis laube’du
iour,iufques à la nuict bien tard , comme les
cheuaulx,qui eft vne calamité & mifere plus
que feruile,ce qu’ont acouftumé les ouuriers
quafi en toutes regiós, fors en Vtopie, ou les
habitans nombrent vn iour naturel en vingt
& quatre heures egales,a cóprédre la nuict a-
uec le iour, & en deputent fix heures feulemét
a ouurer:trois deuát midi, apres lefquelles ilz
difnent,puis apres difner, ilz fe repofent deux
heures,cela faict befongnét:trois aultres heu
res iufqs à fouper,& toft apres huict ilz fe vót
coucher,& repofent huict heures filz veulét,
fi au lieu de dormir apres la refection & le tra
uail,ilz veulent faire quelque chofe,il leur eft
permis tout ainfi qu’ilz vouldront,moyennát
quilz n’abufent du temps en prodigalitez,fu-
perfluitez & chofes vaines, & quilz f’applic-
quent à quelque bonne oeuure,plufieurs em-
ploient ces interualles la aux letres,c’eft vn or
dinaire d’auoir quotidiennemét lecós publicques deuant le iour,& font contrainctz d’y af
fifter feulement ceulx qui font efleuz fpeciale
ment pour ceft affaire.

　Quãd

On doibt
deiecter
d’une repu
blicque les
oyfifz.

On doibt
moderer
le trauail
dès ou-
uriers.

Le temps
employe
aux letres.

Quand au reste grand nombre de tous estatz tant femmes qu'hommes vont ouir les lecons, les vnz d'vne sciéce, les aultres d'aultre, ainsi que leur naturel les incline, toutes-fois si aulcun ayme mieulx cósumer ce téps à leur mestier(ce qui aduient a plusieurs qui ne ont point leur fantasie a l'estude)on ne luy defend point, aincois il est loué, cóme vtile à la republicque, apres soupper il iouent vne heure, l'esté aux iardins, l'yuer en ces sales communes ou il boiuent & mengent, en ce lieu ilz chantent de musicque, ou ilz deuisent & se recréent de parolles, ilz n'on point la cognoissance des ieux hazardeux que nous aués qui sont mal pprés & pernitieux, mais en lieu ilz ont en vsage deux sortes de ieux semblables aux eschecz l'vn ou onveoit vn cóflict de nombre cótre nóbre, & ou vn nóbre pille l'autre, lautre ou on veoit vne similitude de gendarmerie, ou bédes sont mises sus champs, & ou les vices bataillent auec les vertuz, auquel ieu est demonstré ioliment & sagement le discord & different qui est entre les vices, & la concorde qui est entre les vertuz, consequemment quelz vices à quelles vertuz s'opposent & contrarient, de quelles forces les guerroiét apertement & de quelles inuentions & ruses ilz vsent en les assaillant par voies oblicques, par quel moyen & secours les vertuz aneátissent la puissance des vices, par quelz artz elles se truffent & mocquent de leurs effortz & en

prinses

Le ieu des Ytopiens apres soupper.

Ieux hazardeux sont maintenát communz aux gros seigneurs.

Les ieux des Vtopiens recreatifz & vtiles ensemble.

prinfes & par quelz moiens finalemét l'une
ou l'autre partie obtiét la victoire, mais en ce
paffaige affin que ne foyez deceuz, ilz nous
fault contépter vn poinct eftroictement, pour
ce que i'ay dit que les Vtopiens ne befongnét
feulemát que fix heures, il eft pofsiblé q vous
pourrez eftimer par cela que pour fi peu dé
téps, il aduiedroit necefsité & difete des chofes neceffaires à l'ufaige humain, ce qu'il n'ad
uient, mais au cótraire on véoit, par cefte peti
te efpace d'ouurer, les hommes n'auoir feulé-
ment fuffifante de viures & veftemétz & aul
tres chofes cómodes à la vie, ains abódácé &
grande planté, ce que vous entendrez facilement, fi vous confiderez, a par vous la groffe
multitude de gens pareffeux qui viuent chez
les aultres nations, dont prémiétemét lés femmes en emportent bié la moitié du nóbre, & fi
lefdictes fémes fe meflét en aulcûs éndroictz
de negotier, en ce païs au lieu d'elles les hom
mes dorment, il fault adioufter à cefte tourbe
vn grád tas de preftres religieux, adiouftós
aufsi plufieurs gétilzhómes & léurs valetz, q
font vn amas de gés portát efpée, viuátz fans
artz. finalement vne troupe de coquins & cal-
mátz fains & robuftes, qui foubz l'úbre dé né
rien faire, faignent eftre mallades dé quelque
maladie, ainfi vo⁹ trouuerez beaucoup moins
d'ouuriers que vous ne penfiez, du labeur def
quelz font amaffées toutes les chofes, déquoy
vfent les mortelz. Or penfez a par vous, que

Les fortes
de gens oi
fifz chez
les aultres
nations.

Reprinfe
des gétilz
hommes.

F iii ouuriers

Dict de gráde pru dence.

ouuriers il y en a peu qui s'applicquét aux negoces & besongnes necessaires, puis que nous
mettons tous nostre felicité a la pecune, il est
de necessité que maintz artz vains & totalement superfluz soient exercez, qui sont mini-
stres & serfz tant seulement de prodigalité
superfluité & luxure. Or si ceste multitude
qui maintenant se demente d'ouurer estoit
partie & distribuée en si peu douurages & me
stiers, que l'usaige commode de nature le requiert & ensuiuit abondance de choses comme il est de necessité, les ouurages seroient a si
petit prix, que les ouuriers n'en seroient viure.
Mais si tous ceulx qui besongnent en mestiers
inutiles & non requis, & toute ceste trouppe
que i'ay allegué qui vit sans rien faire, dont
vn despése plus que deux qui negotiét, estoiét
vniuersellement collocquez & mis à faire oeu
ures & exercices vtiles, vous pourrez veoir fa
cilement, qu'un bien petit de temps de la be-
songne d'iceulx seroit suffisante & plus que su
perabondante a ministrer toutes choses necef
faires & commodes à l'usaige humain, & mef
mes encor les plaisirs qui sont honnestes.

❧ Et cela peult on veoir clairement en l'isle
d'Vtopie. Certes en ce pais, par toutes les villes, & lieux adiacentz & circonuoisins, de tout
le nombre d'hommes & femmes qni sont en
aage de trauailler & besongner, â grand peine trouuerez vous cinq cétz p sonnes exéptz
d'ouurer, entre lesquelz sont les Syphogratz,

&

& iacoit ce que les loix du pais les exemptent
& forclofent du labeur,ce neantmoins ne f'en
fequeftrét affin que par leur exemple incitent
les aultres à labourer de cefte mefme, immu-
nite iouiffent ceulx que les preftres recõman-
dent au peuple,qu'on eflit fecretemét au con
feil eftroiƈt des Syphograntz,pour vacquer à
l'eftude,aufquelz lediƈt peuple dõne priuilege
pour iamais de ne mechanicquer: & fi aulcun
ne profite aux letres cõme on efpere, eft rẽn-
uoie à la befongne cõme les aultres au cõtrai
re il aduiét fouuét que quelque mechanicque
au temps & efpace qu'il fera deliure d'ouurer,
il eftudira fi bien, & metra fi grande diligence
d'apprédre,qu'il fera exempté de fon meftier,
& lé metra l'on en la cõpaignie des eftudiãtz
& perfonnes leƈtrées . Lors qu'on veult eflire
ambaffadeurs,preftres Tranibores,& mefmes
vn roy,quilz appellent en leur vieil vulgaire
Barzanes,& en la langue nouuelle Ademe,ilz
les vont choifir en cefte multitude de gẽs
fcauãtz.On peult eftimer q̃ le demourant du
peuple n'eft ocieux,& ne f'occupe à ouurages
infruƈtueux & cõbien peu de temps produict
de bien aux chofes que iay narrées,ce que iay
deuant allegué eft facile à croire, pource que
les Vtopiés en plufieurs artz neceffaires ont
moins affaire a trauailler que les autres natiõs,qu'il foit ainfi regardons touchant les e-
fices , dont les baftimentz ou reparations
continuellement en toùs lieux requierent

F iiii   les

Les gou-
uerneurs
&officiers
mefmes en
Vtopie fe
fongnent.

Gẽs letres
feulement
font appel
lez aux of
fices.

Cõme on
euite gràs
fraiz &
couftz en
edifice.

le mains & trauail de tant d'ouuriers, que c'eſt
merueille, pource que quand vn pere aura có
ſtruict quelque logis, ſon heritier qui viendra
apres, qui ſera mauluais meſnager petit à petit laiſſera deſcheoir ladicte ſtructure, & ce
qu'il pouoit ſauluer pour peu de couſt, il eſt có
trainct de le refaire tout neuf, auec grands
frais, on veoit auſſi, que quand on a baſti quel
que maiſon qui luy a beaucoup couſté, l'aultre
qui ſera trop curieux & delicat couténera le
dict edifice, & le laiſſera en peu de téps ruiner
puis en edifiera vn aultre ailleurs, qui ne cou-
ſtera moinsque le premier, veritablemét chez
les Vtopiens tout y eſt ſi bié ordonné, & la re
publicque en ſi bon nrroy, qu'il aduiét bien à
tard, qu'on choiſiſſe vne nouuelle place pour
faire vn baſtiment, & ne mettét ſeullemét re
mede prompt aux faultes preſentes, mais pre
uiénent qu'il n'en viéne accidét, ainſi ce faict
que les edifices ſoiét perdurables auec petit
labeur, ſi q̃ les ouuriers ſouuent, a grãd peine
ont ilz de la beſougne à ſ'employer, fors qu'é
leurs maiſons ilz dolét du bois, acouſtrét des
matieres, & leur cómãde lon quilz eſcarriſſét
& preparét de la pierre ce pendãt, affin que ſi
d'aduéture il aduenoit quelque accident, on y

Comme
les vtopiés
euitétgrãd
couſt en
habillemét

peult metre ordre en téps, or voiós touchant
leurs veſtemétz, cóbié ilz y trauaillét peu, pre
mieremét quãd ilz ſót a la beſógne, ilz ſót nó
challamét veſtuz de cuir, ou de quelq̃s peaux,
qui leur durent pour le moins ſept ans, quand
ilz

ilz vont parmy les rues en leurs affaires, ilz
couurent leurs palletotz de manteaux de drap
qui font par toute l'ifle tous d'vne couleur,
qui eft naifue, & ainfi qu'elle croift fur la befte.
* De draps de laine ilz n'en n'ont pas moins
à fuffifance, quen nul autre pais, & fi eft à meil
leur narche. Il y a moins de trauail aux toiles,
& pour tant en vfent plus fouuent, ilz ont efgard feulement à la blancheur de la toile, &
à la netteté du drap. La fine toile & le fin drap
n'eft point plus cher que lautre. Doncques il
ce faict qu'en Vtopie vn chacun fouuent fe
contéte d'vne robe pour deux ans, ou aux aultres pays vn feul perfonnaige n'a pas aulcunefois fuffifance de quatre ou cinq habillementz de laine, de diuerfes couleurs, & autāt
de foie, & ceulx qui fe veulent tenir plus mi-
gnonnement n'en ont pas moins de dix.
* Certes ie ne veoy point de raifon qu'vn hō-
me en doibue apeter plufieurs, confideré qu'il
n'en eft pas mieulx garny coutre le froit, & nē
eft plus braue ne plus honneftement d'vn fe-
ftu. Pour cefté caufe, veu que tous les Vtopiens f'exercitent à chofes vtiles, & que leurs
befongnes qui ne font de lon' trauail fuffifent,
certes il aduient que tous biens y abondent,
& quand il eft queftion de refaire les chemins
publicques, fi d'aulcunz y a qui foiēt rompus,
ilz leuent groffe multitude de gés pour y befongner: & quand il eft befoing d'y entendre,
ou a femblables ouurages, ilz femonnent lefdictz

diſtz manouuriers a pener bien petit de tῆpʒ a quelques affaire communʒ.

¶Les gouuerneurʒ & magiſtratʒ ne fôt exer citer leurs ſubieſtz oultre leur gré en labeurʒ ſuperfluʒ & vains, car l'inſtitution de leur re-publicque tend a ce poinſt & a ce but, c'eſta. ſcauoir entant qu'il eſt de neceſſité que les bourgeois & gens du pais trauaillent leurʒ corps, pour l'uſaige de la vie, au demeurant a-pres ce trauail, corporel qui eſt de peu de tῆpʒ Ilz s'eſtudient a pluʒ vacquer, a embellir & or ner leur eſprit de ſciences & vertuʒ, pour le meſtre en liberté & franchiſe. & croient que la felicite de vie humaine eſt ſituée & colloc-quée en celaʒ

¶Des affaires, commerces, familiari-tez, & traiſtez que les Vtropiens ont les vnz auec les aultres.

OR MAINTE-
nãt meſault explicquer q̃lle
familiarité les citoiés & habi-
tãtz d'Vtopie ontenſemblecõ
me ilz contracãt, & quelle
maniere ilz ont de diſtribuer
& partir leurs choſes.

¶ Vne cité eſt faicte de pluſieurs familes, les
conſanguinitez cõmunemét font les familes.
¶ Quand les filles ſont mariales, on les allie
auec les hommes, & ſe tranſportent en la maiſon de leurs maris.

¶ Les enfantz maſles, ſilz ont des filz ilz demeurent tõſiours en la pace dõt ilz ſõt yſſuz,
& obeiſſent au pl⁹ ancié de leur parétaige, ſil
ne pert

ne pert le fens pour fa trop grande vieilleffe:
allors le plus ancié dapres eft mis en fon lieu.
✻ Et affin qu'vne cite ne foit depeuplée, ou
plus peuplée qu'il n'eft licite,on prend garde
qu'vne famille (dont chacune ville en contient fix mille,quant tout eft affemblé) n'ayt
moins de dix enfantz au deffus de quatorze
ans,& plus de feize.Quandeft des enfantz qui
font au deffoubz de cedict aage,on n'en limi-
te point le nombre. Cefte mode de faire fe
peut facilement garder,quand on prend des
enfantz des familles, qui font trop fecondes,
pour metre auec celles qui multiplient trop
peu. Or fil y a en vne ville plus que le nombre prefix & acouftumé,ilz en peuplent leurs
aultres villes qui en ont de faulte. Et fi d'aué-
ture toute lifle eft chargées de trop de peuple,ilz en prenent en chacuneville,certain nô
bre,& les tranflatent au pais circonuoifin & Li
mitrophe qui neft point ifle,aux lieux ou il ya
terres fuperflues,& plus quil né fault a ceulx
de ladicte region,& qui demeurent en Friche
par faulte de labourer,allors de cefdictes terres ilz en font vne contrée de leur tenement
& dependence,quon appelle Colonie.Laquel
le labourerent,efcroiffent, angmentent,& la
ftruifent de leurs loix & couftumes , & adioi-
gnét auecqués eulx ceulx du quartier,filz veu
lent viure enfemble.Quand ilz font alliez &
ioinctz en mefmes meurs & ftatutz,facilemét
croiffent au profit & vtilité de lvn & lautre
peuple.

peuple.Ilz font par leurs entreprinſes que ceſte terre apporte abondance de bien aux vnz
& aux aultres,qui ne ſeroit de rien ou peu, à
ceulx du pais.

☞ Si ceulx du pais ne veulent,viure comme
eulx,ilz les pouſſent loing hors des quartiers
quilz limiçent.& aſſignent eulx meſmes.

✳ Si on les veult garder d'habiter ces terre,
ilz font la guerre,& diſent quilz ont iuſte cauſe de guerroier contre ceulx qui leur refuſent
la poſſeſſion & vſaige de ceſte terre de quoy
ilz nuſent,la tenant comme vaine & deſerte,
dont les aultres par la loy de nature en doibuent eſtre nourrys.

✳Quand de hazard ou accident quelquvne
de leurs villes a eſté depeuplée & diminuée,
ſi quelle ne ſe peult refaire & remplir des aultres villes,pour ce quvne chacune na que ſon
nombre(ce qui naduint iamais que deux foys
de la memoire des hommes par vne peſte)ilz
renuoient querir leurs citoiens qui habitent
aux terres eſtranges comme iay dict,& en re-
peuplent leſdictes villes. Ilz ayment mieulx
que tel tenement periſſe,& ſaneantiſſe,quvne
ville de liſle ſoit en rien appetiſſée & deſcrue
☞ Mais reuenon à la conuerſation & maniere
de viure des bourgeoys d Vtopie.Le pl⁹ ancie
(comme iay dit)eſt maiſtre & ſuperieur dune
famille. Les femmes ſeruent leurs maris, les
enfantz leurs peres &meres,& les plus ieunes
aux pl⁹ vieulx. Toutes les citez ſont parties &
　　　　　　　　diuiſées

diuerſes en quatre parties egales. Au meillieu
dechacune ptie,eſt eſtably le marché de tou
tes choſes. en ce lieu,en certaines maiſons ſõt
portez les ouurages de chacune famille , &
toutes les eſpeces deſdictz ouurages ſont ſepa
res l'vne de l'autre,& miſes en guerniers. Lors
quand vn pere de famille à affaire luy ou les
ſiens de telles beſongnes,il les demande & les
emporte ſans argent ou gaige. Pourquoy re-
fuſeroit on quelque choſe,veu que tout y abõ
de,& ne crainct on que quelqu'vn veiulle demander plus qu'il n'a de meſtier.

* Penſeroit on qu'vn homme demandaſt pˡˢ
qu'il ne luy fauldroit,conſider : quil eſt certain & aſſeuré,quil naura iamais deffaulte de
rien qui eſt ce qui eſt cauſe de rẽdre les beſtes
& les hommes adonnez à auarice &rapacité ſi
non crainte dauoir defaulte. Orgueil auſſy
rend lhomme ſeul conuoiteux:pour ce quil ſe
donne gloire , de ſurmonter les aultres , par
vne oſtentation & vanterie vaine & ſuperflue
de choſes,lequel vice na point de lieu entre
les Vtopiens.

¶ Au marche que iay predict,eſt annexé vn
aultre marché de viures,auquel on ne porte
ſeulement herbes,porées , fruictz darbres &
pains,mais auſſi poiſſons, oyſeaulx & aultres
beſtes bonnes à menger. Il ya lieux apropriez
hors la ville ou on nettoie & llaue lon en vn
ruiſſeau les chers,ou le ſãg & ordures ſen võt
a vau leau. Lors quand les beſtes ſont occiſes

Les ordu
res &infe
ctiõs amaſ
ſes en vne
ville ſont
cauſe de
peſte.

par

par feruiteurs,puis,lauées & acouftrées, de la
on les porte audict marché. Ilz ne fouffrent
iamais quvn citoen tue beft,pour ce quil ẽ pẽ
fent par cela que petit à petit on pourroit per
dre humanité & Clemence,qui eft vne trefpi
toiable paffion de noftre nature.

Par l'occa
fion qu'on
faict des
befts les
hommes fe
penent a-
dôner a oc
cir & tuer
lûn lautre.

¶ Iamais auffi ne permectent quon porte à la
ville quelque puantife ou villenie,pour ce que
par la putrefaction dicelle,fe pourroit corrõ-
pre lair & engendrer meladies.

En vne chacune rue ya des grandes fales
deuifées & fepares lvne de lautre egallemẽt p
interualle,& chacune eft congneue parfonnõ

Les Syphograntz demeurent en icelles,&
en vne chacune de fes fales trente familles y
vont prendre leur refection,quinze dvn cofté
& quinze de laultre.Les maiftres dhoftelz de
chacune fale võt à certaine heure au marché,
puis apres auoir relaté le nombre de leurs gẽs
demandent de la viande.

✶Mais deuant tous on a efgard aux mallades,
qui font penfez a des hofpitaulx publicques.
✶Au tour de la ville,vn peu hors des murs ilz
ont quatre hoftel dieu, fi grãd & plantureux quon les pourroit efgaller & comparer à
autant de bourgades, affin que les pauures
mallades,fi grand nombre qui peu eftre,ne
foient en ce lieu ferrez & eftrainctz, qui ne
feroit commode : & auffi affin que les
mallades de pefte & infirmitez contagieu-
fes, puiffent eftre loing fegregez de la com-
paigniedes aultres, Lefdictz hofpitaulxfõt tãt
bien

Le foing
quon a des
mallades.

bien arriuez, De toutes choses vtiles à santé:
puis on y est si doulcement & soigneusement
traicté, puis y a assiduellemét medecins tresex
pertz tousiours psentz, q cóbien nul malade y
soit enuoyé oultre son gré, toutefois ny a pa-
tiét en toute la ville, qui naymast trop mieulx
estre mis la dedans, quen sa maison.

Quand le pouruoiencier des malades a e-
sté au marché, & par lordonnance des medecins a eu viandes conuenables, les meilleures
viandes apres sont distribuées par les sales e-
galement, à chacun selon son nombre, si non
quon a esgard au prince, au grand prebstres,
& aux Tranibores, mesmes aux ambassadeurs
& esträgiers, sil y en a, combien quil ny en ait
gueres souuent.

Mais quand de hazard il en vient, il y a certains logis en la ville qui sont acoustrez pour
eulx

A ces sales icy aux heures de disner &
souper tous ceulx qui sont a lacharge des Si-
phogranstz, assisent au son la trompette, ex-
cepté ceulx qui sont aux hospitaulx, ou en
leurs maisons.

Apres quon a eu des viandes pour les sales
on nempesche point que quelquvn sil veut
pour son plaisir naille disner ou soupper à sa
maison, car ilz scauét que nul ne le vouldroit
faire inconsultement ou par desdaing.

Et combien quilz ne soit a nul defendu de
boire & menger a la maison, ce neanmoins ny
prennent

pnét leur refectió cómunemét ne voluntiers,
pource qu'il n'eft hónnefte de f'abfenter de la
compaignie,& auffi ne femble eftre gueres
faigement faict de preparer vn difner qui neft
de fi bonne viandes fans comparaifon , comme celuy qu'on faict à la falle commune ,&
tout ioignant de leurs maifons. Des feruices
qui font de pl⁹ grád labeur,&moins hôneftes
comme de torcher les potz,lauer la veffelle,
& autres chofes femblables,les feruiteurs en
font l'office en cefdictes,fales.
✱Les femmes feules ont la charge de faire
cuire & preparer la viande,& finablement da
couftrer tout le difner & foupper , & y font
fubiectes lefdictes femmes d'vne chacune fa
mille,chacune a fon tour.Il ya troys tables ou
plus,felon le nombre des affiftens. Les hommes f affieffent vers la paroy , les femmes de
l'autre cofté,affin que fi d'aduenture il leur
furuenoit quelque maladie fubite(ce qui aduient voluntiers á femmes groffes)elles fe lie
uent fans troubler l'ordre des feautz,& voi-
fent aux nourrices,lefquelles fe feent a part
en quelque refectouer auec leurs nourriffons,
lefquelles eft eftably à ceft affaire , qui n'eft la
mais fás feu,& eau nette,& auffi fans berfeaux
pour berfer & faire endormir les petitz enfantz,les remuer & defbender pres du feu, &
les coniouir. Chacune femme nourrit fon enfant,fi mort ou malladie n'empefche. Quind
la fortune aduiét. Les femes des Syphograt-
G   chérchent

Marginal notes:
Les fem-
mes feruét
de cuifi-
niers a fai-
re& feruir
les viádes.

fe faoient
(font affi
fes)

cherent diligemmét vne nourrice,& n'eſt dif
ficile à trouuer,car celles quile peuent faire,
ne font choſe plus haictement que cela:pour
ce que to⁹ prꝯſent beaucoup & loũe c'eſt ocu
ure de pitié·Lenfant qui eſt nourry recognoiſt
pour mere ſa nourrice.Tous les enfantz qui
n'ont encor cinq ans ne bougent d'auec les
nourrices,& ſe ſceũt enſemble,les aultres qui
n'ſſt attainct l'aage de quatorze ans, & auſſi
ceulx qui ſont en aage de marier tant filles ꝗ
filz,ſeruent ſus table,ceulx qui ne ſont encores aſſez fortz pour ſeruir,ſe tiennent de bout
deuant les aſſiſtens,auec ſilence. Les vnz & les
aultres ne mengent ſi non ce qu'il leur eſt dó-
né de ceulx qui ſont ſiz,&n'ont point d'aultre
heure limitée pour diſner & ſouper,au meillieu de la premiere table,qui eſt le ſiege plus
honorable(orceſte table eſt toute au pl⁹hault
lieu du refectoire & miſe de trauers,& veoit on
de ceſt endroit aiſeemét toute la cógregatió)
le Syphogrant ſey ſiꝫ auec ſa femme, & a-
uec eulx deux des plus anciens.Par toutes les
tables ilz ſont quatre à quatre à chacun plat.
Et ſi au quartier d vne ſyphogrance,c'eſt adire au lieu ou ſe tiennét trentre familles,leur e
gliſe eſt ſituée,le cure auec ſa femme,ſaſſieſ-
ent,& ſót du plat du Syphográt au deſſus.Des
deux coſtez des tables ſe ſient les ieuñes gés,
puis les anciens apres de rechief ainſi par tou
te ceſte ſale,les pareilz ſont ioingtz enſemble,
& toutefois ſont meſlez,auec ceulx qui ne ſót
de leur ſorte,ſi ꝗ les vieulx ſont vis à vis l'vn
de

Les citoiẽs
ſót incitez
a bienfaire
par louége

Commeilz
nourriſſét.
leurs en-
fantz.

de lautre,les ieunes auffi,&ainfi font entremef
lez.& cefte ordónáce fut faicte telle,affin q̃ la
grauité & reueréce des anciens refrenaft la li
cencé que pourroient prendre les ieunes en
geftes & parolles ,confideré que par toutes
les tables il ne fe peult rien faire ne di -
re par lefdictz ieuues hommes, qui ne puiffe
eftre veu & entendu par les anciens, qui font
de tous coftez voifins & proches defdictz
ieunes hommes

¶ On ne fert pas le hault bout premiermét,
ains tous les plus anciens,qui font aux fieges
honorables, & leur baille lon les meilleurs
meft,puis on miniftre aux aultres efgallemét.
✳ Les anciens diftribuét de leurs viádes exqui
fes à qui ilz leur plaift,& nó a tous,car elles ne
fe peuuét eftédre par tout.ainfi eft gardé l'hó
neur au plus aagez, & nó obftát les aultres ne
ent mois de pfift. Tout difner & foupet fe có
méce ð q̃lq̃ lecture,q̃ inftruictà bónes mœurs
& eft briefue,affin qu'elle n'ennuye:& apres la
dicte lecture les plus anciés deuifent, & tien
nent propos hóneftes,nó point triftes ne melé
colicq̃s,& népefchét tout le difner. & foupet
de lógz cóptes,mais efcoutét volútiers alter
natiuemét les ieunes gés, & les puocquét tous
de gré a pler,affin q̃ chacú ayt liberté de dire
& quó ayt experiéce des meilleurs efperitz les
diñersfót trefbriefz,les foupers pl⁹lógz,pour
ce quil fault befógner apres difner,& dormir
apres foup,& difent que le repos eft bié plus

　　　　　G .ii　　falubre

Les ieunes font meſles en la table auec les plus anciens.
on ã eſgard à faire honneur aux anciens.
A grand peine faict on cela maintenant en daulcú maiſteres de ce pays.
diſnés

salubre à faire la digestion, & que le trauail l'ẽ
pesche nulle refection ne se passe sans musicque, ne sans dessert comme poires pomes &
aultres fruictz,tartes,gallettes,& darioles ,ilz
sont feu de choses odorantes & aromaticques
affin que la fumée se respande par les sales ,&
ietent des eaus de senteur, ilz sont tout ce
quil est possible pour resiouir les assistent. Ilz
sont bien adonnez a telles recreations,& sont
d'oppinion que nul plaisir qui n'apporte point
d'incommodite,ne doibt estre defendu.

**Chansons
de musicq́
à disner &
soupper.**

Voila comme ilz viuent aux villes.
Ceulx des champs,qui sont trop es-
longnez les vnz des aultres,
mengent en leurs maisons.
nulle famile champestre n'a
deffaulte deviures,veu que
les villes ẙ́ viuẽt d'aul
tre chose sinõ de
ce'qĺ leur est por
té des villai
ges.

Des

Des pelerinages des
Vtopiens.

I A V L C V N Z ONT
defir daller veoir leurs amys
demourantz en vne aultre vil
le, ou de vifiter les lieux, facil
lement ilz impetrent congé
des Syphograntz, ou de leurs
Tranibores, mais quil nen aduienhe domma
ge: Doncques on enuoie quelque nombre
dVtopiens enfemble, auec la lettre de leur
prince, qui contient le congé quilz ont de fai
re leur voyage, & ou eft limité le iour de leur
retour.

G iii   On

On leur baille un chariot ou litiere,enſem ble vn ſerf publicque, pour mener & penſer les boeufz:

Mais ſilz n'ont des femmes en leur com_ paigne,ilz renuoyent ladicte litiere , comme ſi c'eſtoit charge & empeſchement

✳Sur tout le chemin ilz ne portent nulz vi_ ures,n'y aultre choſe,car ilz n'ont defaulte de rien,ponr ce qu'ilz ſont par tout comme ſilz eſtoient en leurs maiſons. Silz demeurent plus d'vn iour en vn lieu,en c'eſt endroict chacun faict ſon meſtier,& eſt traicté humain nement des ouuriers de ſon meſme artifice. Si quelcun de ſon authorité vague hors de ſes limites,& ſil eſt prins ſans la lettre de conge de ſon prince & ſuperieur,on luy faict tout plein d'iniure & de deſhonneur,puis eſt reme né comme vn fuitif,& chaſtie bien aigremēt, ſil recidine ,il eſt mis en ſeruitude. Sil prend vouloir à aulcun de ſe pourmener & vaguer par les champs du tenement de ſa cité,on ne lempeſche point,pour veü quil ayt congé & permiſſion de ſon pere,ou de ſa femme.

✳ Mais en quelque villaige quil ſe trãſporte on ne luy donne que boire,ne que menger,ſil na faict autant de beſongne deuant diſner,ou deuant ſouper comme on a acouſtumé de fai re en ce lieu. Par ceſte condition il eſt licite à vn chacun daller & voiagé,ſeulement par le quartier & territoire de ſa ville. Ainſi on neſt pas moins ytile,a la ville,cóme ſon eſtoit

demeurant

demeurant a ladicte ville.Or vous voyez par
çe poinct.quen nul lieu de ce pais,nya licence
ne permiffion deftre ocieux,ny couleur deftre
pareiffeux,il nya point de tauernes de vin,ne
de ceruoife,ou biere,en nul lieu nya de bordeaux,nulle occafion de fe gafter,nulz rece-
leurs ne cabaretz,nulz monopoles ne confpi-
rations la veue & prefume de tous,côftraignêt
de faire fe meftier acouftumé, & negotiation
honnefte. Et par cefte bonne mode il eft de ne
ceffité quel fen enfuiue abondance & planté
de tous biens laquelle paruient efgallement à
tous. Parquoy certes il ne fe peult faire quâl
cun foit pauure ou mâdiâ auffi toft q̄ le fenat
d'Amaurot(auquel tous les ans trois citoiésde
chacune ville font enuoiez côme iay dict)acô
gnoiffance de labûdâce de quelq̄ côtrée,& de
la fterilité dvn aultre quartier.luberté & afflu
ence dû.fupplie la difette & neceffité de laul
tre,& eft faict cela gratis.on ne recôpête poit
ceulx q̄ ont eflargi de leurs biens aux aultres
ceulx qui ont dôné de leurs fubftâce a quelq̄
ville,ilz ne les redemâdent point.ilz prenent *y les*
~~Les~~ chofes de quoy ilz ont affaire dvne ville,
à laquelle ilz nont rien dôné. Ainfi toute cefte
ifle eft côme vne famile.quâd ilz ont faict leur
eftoremêt & pouruoiance fuffifamm ̄et(laquel
le ilz fôt pour deux ans decraincte de laccidêt
qui pourroit aduenir lan enfuiuant ,des chofes qui furabondent,côme de grâd quâtité de
Frument,Miel, Laines ,Lains ,boys , Graine
                    G iiii   pour

pour tandre l'escarlette, perles, peaux, cire, suif
cuir, & aussi de bestes, ilz les transportent aux
aultres regions, & en donnent la septieme par
tie aux pauures desdictes regions: le reste est
vendu, & donne à bon marché.

✳ Et de ce commerce & traficque, ilz rappor
tent en leur pays non seulement les marchan
dises de quoy ilz ont affaire) ilz nont quasi ne
cessité que de fer) mais aussi grande somme
dor & dargent. Si ce que par longue contu-
mation, ilz ont faict si grand amas par tout le
pais desdictes choses, qua grand peine le croi-
roit on.

En tous
affaires les
Vtopiens
ont memoi
re de leur
cōmunité

✳ Pourtant maintenant ne leur chault pas be
aucoup, silz vendent leurs marchandises argēt
comptant, ou silz les prestes, tellement que
pour le present pour la plus grande partie ne
sont paiez quen cedules & recognoissan-
ces.

✳ Toutefois ne prennent obligations des mar
chantz en particulier, ains de quelques villes
qui leur en donnent asseurance.

✳ Or quand le terme du payemēt est eschéu,
la ville qui a respondu de leurs marchandises,
repete la debte des debteurs particuliereiēt,
& meēt là somme au thresor publicque, & en
faict son profist iusques a ce que les Vtopiens
la demandent. Certes lesdictz Vtopiens en re
laschēt la pl⁹ grāde ptie, pour ce quilz pēsēt ql
nest iuste doster vne chose de quoy ilz nusēt, à
ceulx qui en sōt biē leur profist. Quãd au reste

fil

f’il aduient,& la chofe ainfi le requiere, quilz
ayent prefté quelque portion de ceft argent à
quelque aultre peuple,ilz le demandent alors
qu’ilz ont la guerre,ou affin qu’ilz f’en aydent
en temps de dáger,ou de neceffité, ou de quel
que hazard foudain,& gardent en leurs maifons ladicte pecune,non point à aultres fins,&
principalemént pour fouldoyer les genfder-
mes eftrangiers, auquelz ilz ne donnent pas
petirz gaiges,& lefquelz plus voluntiers mettét aux petilz & fortunes de guerre,que leurs
citoyens,cognoiffant affez que par multitude
de pecune fouuent les ennemis mefmes font
achaptables,& q̃ par finefle on les faict guer-
royer les vne contre les aultres, pour cefte
raifon ilz gardent vn thefor ineftimable,máis
nõ pas qu’ilz y mettent leur coeur,honté me
donne frayeur de faire recit de ces chofes,
craignant qu’on n’adioufte foy à mes propos,
car certes fi moy mefmes ne les auoys veuès,
ie fcay de certain,qu’a grand peine croiroy fe
vn aultre qui en feroit le compte, il eft tout
clair que tout recit qui n’eft conforme aux
meurs & maniere de viure des efcoutans, n’a
pas grand credit,& eft aufsi eflóngné de leur
credence comme de leur conuerfation.

⸿ Iacoit ce qu’un homme prudent & de
bon iugement paruanture ne f’en efmerueil-
lera quand il confiderera bien le differét qu’il
y a entre nòftre inftitutiõ de vie ,& la leur, &
fil prend garde comment ilz vfent d’or & d’argent

Il eft plus commode d’euiter ia guerre par argent & finefte que la faire a uec gráde effufiõ de fang hú-main.
O le grãd ouurier de bien dire.

gent, & nõ pas côme nous aultres en vfons,
Comme ainfi foit que lefdictz Vtopiens ne
vfent aulcunnement de pecune , mais la gar-
dẽt,à la fortune qui peut aduenir,laquelle pof
fible aduiẽdra, aufsi il fe peut faire que iamais
n'aduiendra. Et ce pendant ilz tiẽnent autant
de compte d'or & d'argent dequoy fe faict la
dicte pecune,que nul ne l'eftime nõplus, que
fa nature le merite. Et q eft celui qui ne penfe
bié que l'or ne foit moins precieux que le fer,
quand à leur vfaige:duquel les hommes ne fe
peuent paffer,nomplus que de feu, & d'eau,
nature n'a point donné d'vfage à l'or, de quoy
nous ne nous paffiffions bien , fi ce n'eftoit la
folie des hommes qui la mis en prix pour fa
rarité,& au contraire ladicte nature , comme
pitoyable & doulce mere a mis à l'effor à la
veue de tous les chofes qui nous eftoient bon
nes & propices,ainfi que l'air,l'eau,& la terre
mefme,d'aultre part elle a feparé & mis loing
de nous les chofes vaines,& qui ne feruent de
rien comme l'or & l'argent,dont les mines en
font aux creux de la terre.

Or fi ces metaulx chez les Vtopiens e-
ftoient muffez dens quelque tour, le prince &
le fenat pourroient eftre foufpecennez du peu
ple (qui de folie eft affez inuentif) de vouloir
abufer par quelque tromperie dudict or & ar
gẽt,& l'aplicquer a leur profit particulier, en
decepuant ledict peuple. Si pareillemẽt de cef
dictz metaulx on faifoit en bel ouursge d'orfa
uerie

L'or efti-
me moins
que le fer
en Vtopie.

uerie flaccós & oultres vaiſſeaux ſemblables,
puis ſe il aduenoit que ilz lés faulſiſt refondre
pour faire de la pecune à ſoudoyer leurs gēſ-
darmes,leſdictz Vtopiēs conſiderent q̃ ſi v́ne
fois auoient prins leur plaiſir en ceſte dicte or
fauerie,à grand peine ſouffriroient ilz que on
leur oſta l'uſage, & affin qu'ilz obuient à cés
choſes,ilz ont trouué ceſte maniere de faire q̃
iay deuant alleguée,touchãt leur or,& leur ar
gēt laquelle eſt conforme à leur aultres façõs
& modes,& aux noſtres grãdement repughã
te & difforme,qui priſons tãt lor,& le cachõs
ſi ſongneuſemēt.Certes on ne ſcauroit croire
cõme les Vtopiēs ont lor & largēt a petite re
putation,ſi ce n'eſtoiēt gens de ſcauoir, q con
gnoiſſent la matiere deſdictz metaulx, il n'eſt
riē plus certain q̃ ledict peuple boit & mēge
en vaiſſeau de terre & voirré,q̃ ſont treſbeaux
& ne ſont de grãd prix,& es ſales cõmunes,&
maiſons priuées auſſi leurs potz a vriner &
aultres veſſeaux qui ſeruēt à choſes immũdes
ſont dor & dargēt,pareillemēt les chaines,&
gros fers,dequoy ſont detenuz & liéz leurs cri
minelz quilz appellēt ſerfz, ſont de ceſte meſ
me matiere, finalement tous ceulx qui ont cõ
mis cas de crime & infamie, portēt anneaux
d'or en leurs oreilles, & en leurs doigtz, en
leur coul carcquás d'or, & couronnes autour
de leurs teſtes,ainſi ſont ilz ſogneux ſur toutes
fins,que lor & largēt entre eulx, ſoit en deſ-
prix & contēnemēt.Certes les aultres natiõs
aymeroient

aymeroient quaſi autant qu'on leur tiraſt les
entrailles du corps, que de leur oſter leur or
& leur argent: mais ſi les Vtopiens auoient
perdu tout ce quilz en ont, ilz n'en peſeroiēt

pas eſtre plus pauure d'un double, ilz amaſſent
& cueillent des perles au long des riuages de
la mer, en aulcuns rochiers des diamantz &
rubis, leſquelz ce neantmoins ne cherchent,
mais quand ilz les trouuent d'aduenture, les
poliſſent & acouſtrent, & de cela en ornent
leurs petitz enfantz, leſquelz ſ'eſiouiſſent &
glorifient de telles bagues en leurs premiers
ans, mais quãd ilz ſont vn peu grãds, & qu'ilz
apercoiuent qu'il n'ya que les petitz enfantz
qui vſent de telles folies, ſans l'admonneſte-
ment de pere & de mere, mais de leur propre
honte, les iectant au loing, ainſi que ceulx de
noſtre pais quand ſont deuenuz en aage de co
gnoiſſance ne tiennent plus compte de noix,
de petites bagues, & petitz images, qu'on appelle poupées.

✻ Certes ie ne congneu iamais ſi clairémēt,
combien ceſte maniere de viure qui eſt contraire à toutes les aultres nations, s'engendre
au courages auſsi diuerſes affections, comme
ie feit en l'ambaſſade dés Anemoliens, ladicte
ambaſſade arriua a la vile d'Amaurot lors que
ie y eſtois; & pource que l'affaire qui les me-
noit ne eſtoit de petit poix, troys citoyens
de chaſcune ville d'Vtopie y eſtoient venuz
deuant.

✻Or

¶ Or les ambaſſades des regions veiſines
qui ſi eſtoient tranſportez au parauant que
leſdictz Anemoliens y vinſſent , & qui auoiét
aprins les meurs & couſtumes des Vtopiens,
cognoiſſant aſſez que le peuple d'Vtopie ne
faiſoit pas grãd compte d'habitz ſumptueux,
que la ſoie leur eſtoit à contemnement,& l'or
à meſpris & de vile reputation,quand faiſiét
leur legation à Amaurot,ilz auoyent de couſ
ſtume d'y venir en train le plus ſimple & mo-
deſte qu'ilz pouuoient.

¶ Mais les Anemoliens pour ce qu'ilz en
eſtoient plus loing, & n'auoient pas frequenté ne conuerſe en Vtopie , quand ilz entendi
rent que tous les Vtopiens ſe veſtoient d'une
meſme parure, de gros drap , penſantz puis
qu'ilz n'eſtoient point aultrement acouſtrez,
que le païs eſtoit pauure,deſnué de ſoyes & vé
loux,pourtant plus arrogamment que ſaige-
ment delibererent par vn appareil pompeux
& trop curieux faindre eſtre comme petitz
dieux, & eſblouir les yeulx des pauures Vtopiens par la reluiſance de leurs beaux habitz.

¶ Ainſi entrerent dens Amaurot troys am
baſſadeurs,auec cent aultres perſonnages,qui
les accompaignoient,tous reueſtuz de veſtementz de pluſieurs couleurs,dont maint y en
auoit en habitz de ſoye.

✱ Les ambaſſadeurs qui eſtoient gentilz hõ
mes tous troys veſtuz de drap d'or,ayantz de
grands

gràds carcàs dor au col,groſſe bagues de meſ
me aux doigtz,& chaines pendantes en leurs
chappeaux,auec perles & gémes, finalement
nauoient aultres acouſtremétz ſinó ceulx de
quoy vſoiét les eſclaues,criminelz & infames
& les petitz enfantz en Vtopie pourtát faiſcit
il bon veoir leſdict ambaſſadeurs dreſſer leurs
creſtes quand ilz cótemploient leurs triuin-
phátz veſtemétz entre ceulx des Vtopiés.(or
ceſtoit tout le peuple reſpandu par les rues)
d'autre part n'eſtoit moins plaiſant de cóſide
rer comme ladicte ambaſſade eſtoit fruſtrée
de ſon eſperance & entente,& de leſtimation
qu'elle pretédoit qu'on feroit de leur gorgias
equipage.Certes tous les Vtopiés(fors quelq̃
peu qui aultresfoys auoient pour affaires idoi
nes viſite lés aultres natiós) eſtoient honteux
de veoir telz bombans,& ſaluoient reuerem-
ment les plus petitz compaignons,au lieu des
maiſtres & gros ſeigueurs & eſtimoient que
ces troys ambaſſadeurs ſi bié en ordre,fuſſent
valetz,ou quelq̃s criminelz, à raiſon de leurs
cheines d'or,ainſi paſſoient par deuant le peu
ple ſans honneur aulcun,pareillement on euſt
veu les petitz enfantz, qui auoient iecté leurs
gemmes & perles,quand virét que les chappeaux deſdictz ambaſſadeurs en eſtoiét guar-
nis,puis tiroient leurs meres par le coſté , di-
ſantz ma mere,mais voyes comme ce grand
lourdault vſe de perles,ainſi que ſil eſtoit encor petit enfant,& les meres a bó eſcient leur
                              reſpondoient,

Les anciens
ſe ſauoient
auſſi de cette
expreſſion :
... et illi
ſurgebant
criſtæ
dit Juuenal
Sat. 4.
v. 70.

refpondoient,taifez vous, ceft pofsible quelqun des folz des ambaffadeurs. les aultres re-
prenoient ceulx qui auoient faict les cheines,
pour ce qu'elles eftoient trop tenues lafches,
difantz qu'un criminel facilemēt les eult peu
rōpre,& quād il y euft pleu ſ'en deffaire,& ſ'en
fuir ou fon intētion eut efté, Quād lefdictz am
baffadeurs eurent efté vn iour ou deux en ce
lieu,ilz veirēt fi grād amas d'or dequoy on ne
tenoit cōpte,nō moins vilipēdé entre ce peuple qu'il eftoit alloué entre eux, dauātage cō-
tēploiēt quen vne chaine d'vn ferf fuitif de ce
pais y auoit plus pefant d'or & d'argēt q̄ tout
leur appareil ne mōtoit, adōc leurs plumes fe
vōt abaiffer,& fe deftituerent hōteufemēt de
toute cefte gorgiafeté dequoy ilz feftoiēt fi fie
remēt efleuez & principalement quand ilz eū
rent deuifé plus familierement auec les vtopiēs,& aprins leurs meurs & fantafies,lefdictz
Vtopiens febahiffent comme aulcun des mor
telz peut tant prendre fon plaifir à veoir &
cōtempler la clarté d'une petite perle,ou pier
re,qui neft poffible vraye , au prix de la refui
gēce & beaulté d'une eftoille,ou du foleil mef
me. Pareillement ilz fefmerueillent que vng
homme eft fi fol de fe penfer eftre plus nobles pour eftre veftu d'vn drap de laine plus
fin,& plus delié que vn aultre, veu que vne
ouaille,tāt foit le fil menu & delié,fi en a elle
porté la leine,& ce pendant la befte ne a efté
iamais aultre chofe qu'vne brebis ou moutō.
                              ℂ Ilz

❡ Ilz s'estonnent aussi que maintenant par toutes nations on faict tant d'estime de l'or, qui de sa nature est tant inutile, tellement que l'homme qui l'a mis ainsi en prix est beaucoup moins prisé & chery que l'or mesme en sorte que quelque grosse teste pesáte & endormie, ou il n'y a nõ plus d'entendement qu'a vne busche, & qui nest non moins mauluais que sol, aura en son seruice plusieurs personnages sages & vertueux, & rien pour aultre chose sinõ quil luy est escheu force descutz.

❡ Or si par quelque fortune, ou accident de proces, qui faict aussi bien tumber les haultz montez en bas estat comme fortune, lor & largent de ce milort estoit translaté au moindre de ses de seruiteur, comme à son souillard de cuisine ne aduiendroit il pas tost apres que ce seigneur se iecteroit au seruice de son seruiteur qui fut, ainsi quasi que vn adioinct desdictz escutz.

Voyes cõme les vtopiés se mõstrét en ce cas icy plus sages que les chrestiens.

❧ Quand au reste les Vtopiens se esbahissent encor plus & detestent la sottie de ceulx qui font si grand honneur & quasi plus que a dieu, aux riches, auquel ilz ne doibuent rié, & ne sont en nulle sorte obligez à eulx, & hõ pour aultre raison fors quilz sont riches & opulentz, & dauantage ilz les cognoissent si riches & auaritieux, quilz sont certains que de leur viuant de si grand monceau de pecune quilz possedent, il ne leur en reuiendra vn seul denier iamais.

❧ Lesdictz

￥ Lefdictz Vtópiens ont conceu telles opi-
nion̄s en partie de leur nutritiõ,pour ce qu'ilz
font elleuez & entretins en vne republicque
de laquelle les bonnes entreprinfes & vertueu
fes meurs font bien eflongnées de ces efpeces
de folies que ie ay allegué, pareillement telz
propos leur viennent des bons liures ou ilz
eftudiēt:Et combiē qu'ilz ne foyent pas beau
coup dune chafcune vile,qui foyent exemptz
& defchargez de trauailler & befongner com̄
me les aultres euures mechanicques,pour e-
ftre deputez à eftudier feulement , & ny eſſit
on,fors que ceulx qu'en a trouues en leur enfance auoir bonne nature, excellent entendement,& le coeur enclin aux bonnes letres,ce
neātmoins tous les petitz enfantz en Vtopie
font Inftruictz aux artz & difciplines,& mefmes la plus grand part du peuple,tant hon̄-
mes que femmes tout le loug de leur vie, aux
heures qu'ilz ne font fubiectz de befongner,
ilz employent ledict temps à feftude, les fcié
ces leur font dónées à entendre en leur vulgaire,& les aprement en leur dict langaige
leur langue n'eft fouffreteufe de termes , auſſ
riche & doulce à ouyr,& n'y a lãgaige au mõde qui plus fidelement exprime cē que l'entendement aura conceu.

Leftude &
doctrine
des Vto-
piens.

￥ Ilz ont vū mefme langaige quaſi par tout
le climat de la region,fors quen aulcuns lieux
il eft corrompu,aux aultres non. De tous ces
philofophes qui font en bruit chez nous , alu-

cois que ie vinſſe en Vtopie, les Vtopiens n'en
auoient ouy le vēt de piece, & toutesfoys leur
muſicque, logicque, & arithmeticque eſt qua
ſi ſemblable à celle que noſdictz aulcuns phi
loſophes trouuerent.

℟ Quand au reſte ilz ſont preſques en toutes choſes eſgaulx aux ſuſdictz aulcuns, mais
fort eſlongnez des inuentions des nouueaux
dialecteurs, ilz n'ont trouué reigle aulcunne
des reſtrictions, ne des ſuppoſitions ſubtillement inuentées aux petites logicques, que les
enfantz aprennent ca & la en noſtre pais.

✳ Pareillement n'ont encore trouué les ſecō
des intentions, nul d'eulx n'a encore peu veoir
l'homme en commun (ainſi que ceulx de par
deca l'appellent) que nous auons demonſtré,
comme vous ſcauez, il y a deſialong temps au
doigt en effigie d'un coloſſe, & plus grand
qu'vn geant, ilz ſont au cours des aſtres, &
mouuemēt des planettes treſdoctes, meſmes
ont inuenté induſtrieuſement inſtrumentz de
diuerſes figures, ou ilz ont treſdiligemment
comprins les motions & ſituations du ſoleil
& de la lune, & des aultres aſtres, qui ſōt veuz
en leur horizon, mais quand à la concorde, ou
different des eſtoilles erratiques, & a la tromperie de deuiner par ſcience ſideralle, ilz n'en
ont ſeulement rien ſongé, ne ſ'en dementent
aulcūnemēt, ilz ſe cognoiſſent biē, & deuinēt
du tēps de pluye, des vētz, & des aultres tēpe
ſtes & tormētes, par quelſ̃ ſignes dequoy ilz
ont

Il reprend
les deuins
qui diſent
la bōne &
mauuaiſe
fortune
par la ſciē
ce ſiderale

ont eu experiéce par lõg vfaige, mais des cau
fes de toutes ceschofes,du floc de la mer,&de
fa faline,& fommairemét de l'origine & natu
re du ciel & du mõde, ilz en parlét ainfi q̃ noz
anciés philofophes,& tout ainfi q̃ lefdictz phi
lofophes fõt aulcũnefoys de cõtraires opiniõs
aufsi font les Vtopiés,qui foụuét alleguét nou
uelles raifons,repugnátes a toutes celle q̃ nos
philofophes ont tenues, ce neantmoins entré
eulx n'accordent en nul paffage,touchant les
morales fciéces,ilz en difputét cõme nous,des
biẽs de l'ame,& du corps,& des biẽs externes
que nous appellõs de fortune ilz en font tout
plein d'argumentz,a fcauoir mõ fi les biẽs cor
porelz ou de fortune doibuét propremét eftre
nõmez biẽs,ou fi feulement apartiét aux biẽs
de lame,ilz deuifent de vertu & volupté,mais
leur principale difpute en q̃lle chofe doit eftre
fituée la felicité de lhõme ilz fõt affez curieux
& farreftét a beaucoup autheurs qui ppofent
de volupté,en laq̃lle ilz diffiniffent le tout,ou
la meilleure partie de felicité humaine eftre
mife,mais ilz faillent dequoy on fefmérueille
de religiõ & cultiuemét de dieu, en cefte opi-
riõ delicieufe,q̃ eft matiere graue,feuere,tri-
fte & eftroicte,ilz ne defceptét iamais de felicité,q̃ pmieremét ne mettét fus le bureau q̃l-
q̃s principes de religiõ,& qu'i'z ne les ioignét
auec philofophie,qui vfe de raifõ,entre lefq̃z
ilz croient que raifon de foy eft trop foible &
debile a la quefte de vraye felicité.

　　　　H ii　　🌸 Lefdictz

phific que incertaine. Les fciéces morales.

Des biens de fortune & des biés de lame. Les vto-piésmettét leur felici fe en hon nefte volu pte.

Leſdictz principes contiennent de l'im-
mortalité de l'ame, & que ladicte ame eſt née
a felicité par la liberalité de dieu, & qu'a noz
bienfaictz apres ceſte vie eſt donnée premia
tion & loyer, & a noz delictz priué ſupplice.
Combié que cela ſente ſa religion, touteſfoys
ilz ſont d'oppinion qu'on doibt eſtre attiré a
croire ces choſes par raiſon, ſans ces principes
la ilz diſent que ſans dilation il n'eſt hôme ſi
beſte qui ne fuſt d'oppinion de prendre ſes
plaiſirs par voyes licites ou illicites, & ſe gar-
deroit ſeulement que la moindre volupté n'é
peſchaſt la plus grande, & ne pourſuiuroit cel
le qui le recompenſeroit de douleur ou malladie.

Suiuit, & ſadonner à vertu, qui eſt eſtroi-
cte & pleine de difficulté, & non ſeulement
chaſſer & ſequeſtrer de ſoy plaiſir & doulceur de vie, ains voluntairement ſouffrir affli
ction & douleur dequoy on n'eſpere point de
fruict, ilz diſent que c'eſt vne grande folie, ſi
vn homme toute ſa vie à veſcu miſerable-
ment en melencolie & ennui, & ſi apres ſa
mort il n'en eſt recompenſe, quel profit y aura il. Maintenant les Vtopiens ne penſent pas
que la felicité ſoit en toute volupté, mais en
volupté honneſte, & diſent que noſtre nature
eſt attirée a icelle volupté par vertu comme
au ſouuerain bien, la ligne contraire à ceſte
opinion dit que felicité doibt eſtre donnée a
vertu.

Iij

Ilz diffiniſſent & tiennent que vertu neſt aultre choſe ſi on viure ſelon nature, & que nous auons eſté enſeignez de dieu a ceſt affaire, & que quiconque obtempere a la raiſon en appetant ou fuiant vne choſe, ceſtuy la enſuit nature comme ſa guide, diſant oultre, que raiſon deuant toutes choſes enflamme les hommes en l'amour & veneration de la maieſté diuine, à laquelle nous ſommes debteurs pour ce que nous ſommes nez, & pour autant que nous pouons auoir felicité.

℄ Secondement la raiſon nous admõneſte & incite à mener vie la moins faſcheuſe & ennuieuſe que nous pourrons, ains la plus ioyeuſe & recreatifue qu'il eſt poſsible, & que nous aydons aux aultres noz ſemblables d'en obtenir autant, pour la conſeruation de la compaignie & ſocieté naturelle.

Certes iamais il ne fut homme, ſi ſeuere & eſtroict imitateur de vertu, & contenteur de volupté, qui t'anoncaſt a prendre ſi grand labeur & vigilance, & nonchalance de ton corps, qu'iceluy ne te commãdaſt auſsi, de ſoulager de toute ta puiſſance la pauureté & incommodité des aultres, & qu'il ne ſoit d'oppinion que la choſe eſt louable principalement en l'hõneur d'humanité, que l'hõme conſole & ſecours l'aultre, ſi c'eſt choſe humaine de miti ger & adoulcir l'angoiſſe & faſcherie des aultres, leur oſter triſteſſe, & les rendre à ioyeuſeté de vie, c'eſt a dire à volupté hõneſte, qui eſt

H iii vne

Aulcuns chrestiens se procuręt maulx & dou- leurs ainsi comme si cela gisoit religion , mais ilz ceburoiét plus tost les porter patiément si de ha - sard elles aduenoiét

vne vertu,qui mieulx faict & conuient à lh'ô-
me, entre toutes les aultres , puis qu'on faict
cela à aultrui,pourquoy nature ne nous esmo
uera elle,a nous en faire autât?Si la vie ioyeu
se,c'est a dire voluptueuse est mauuaise,tu ne
doibs seulement ayder a ton prochain à y ten
dre,mais le destourner de tout son pouoir,cô-
me d'une chose nuisible & mortifere,Si la vie
ioyeuse,c'est a dire volupté est bonne & hon
neste,tu la doibs procurer aux aultres,comme
chose bonne & conuenable , pourquoy ne te
pourchasseras tu ce bien premierement , veu
que tu ne doibs estre moins fauorable enuers
toy,qu'enuers aultruy? Puis que nature t'ad-
môneste d'estre bon aux aultres , il fault bien
dire quicelle te commande de n'estre cruel &
immisericordieux à toy,nature dôcques nous
ordône la vie ioyeuse, c'est a dire hôneste volupte,ainsi que disent les Vtopiens, ainsi com
me vne fin de toutes operations,& aussi tiennent que la diffinition de vertu, cest viure selon lordonnance de nature.

¶ Comme ainsi soit que nature semonne
les hommes a secours mutuel de vie ioyeuse,
laquelle chose elle faict iustemêt,& n'ya hôme si esleué,ne si grand prince, duquel seul na
ture ait le soing,considéré qu'elle entretiét &
pense de tous vniuersellemêt, lesquelz elle
ioinct & assemble par communité de mesme
semblance,icelle mesme certes te commande
expressement de prendre garde que tu n'obté
pere

pere tant à tez profitz, qu'il s'enfuiue le dom-
mage & detriment daultrui doncques les Vto
piens font d'oppinion qu'on ne garde seulement les pactions particulieres & contractz
qu'on a les vnz auec les aultres, ains aussi les
loix publicques, lesquelles vn bon prince a
iustement promulgués, ou vng peuple non
opprime de tyrannie, ne circonuenu de fraude par commun accord a ordonné que les co
moditez de vie.

❧ Ce cest a dire, la matiere de volupté &
honnefte plaifir foies esgallement à tous en
commũ. De prendre foing de ta commodité,
moyennant que tu ne enfraignes lesdictes
loix, cest prudence.

℃ Puis penfer de la commodité publicque,
ce est fait ton debuoir enuers la republicque.

℃ Mais empefcher le plaifir d'aultruy pour
auoir le tien, cest faire tort à aultruy, au côtrai
re te refcinder de ton plaifir pour augmenter
celui daultrui, cest loffice d'ũ hôme humain &
benin, ce quil ne peult tant ofter de commo
dité comme il en rapporte, car quand on à
fait plaifir a quelque vn il recompenfe, puis
la grande recongnoiffance du bienfait & la
recordation de la charité & bienueillance de
ceulx a qui tu as biéfait t'aporte plus de plai
fir, que la volupté q̃ tu euffe prinfe en tô corps
de laquelle tu te es abftins. Finalement nô-
ftre feigneur Dieu ponr vng petit & brief

H iiii   plaifir

Pactiõs &
loix.

Les plaifrs
qu'õ fait
l'un a l'au-
tre.

plaifir mondain dequoy nous nous fommes
eflongnez, nous recompenfe d'une lieffe gran
de, & qui iamais ne meurt, ce que facilement
la religion perfuade a vn couraige qui voluntairement fi confent.

*Côme les
vtopiés ap
pellent vto
pie.*

Voyla comme les Vtopiens font d'oppinion que toutes noz operations, & mefmes
les vertus ont efgard & confideration à hon_
nefte volupté comme le grand bien des humains.

Ilz appellent volupté tout mouuement &
du corps & de l'ame, ou on prend plaifir par
l'inftinct de nature.

Ilz n'y adiouftent pas indifcretement le de_
fir de nature: car tout ainfi comme non feule_
ment la fenfualité, mais aufsi la droicte raifon
pourfuit toute chofe, qui eft ioyeufe & plaifan
te de nature, ou l'on ne tend point par oultrage & iniure d'aultrui, & ou on ne perd vn bié
plus plaifant que celuy qu'on appete, & ou il

*Plaifirs cô
trefaictz &
faulx.*

ne f'en enfuit labeur, ainfi les chofes que les
hommes faignant par vn confentement tref-
friuolle eftre a eulx doulx & ioyeux fans le gré
de nature, les vtopiés difent que on y treuue
point de felicité, mais lefdictes chofes nuifent
beaucoup, & ceulx qui les receoipuent pour
plaifir & volupté honnefte, font tout ainfi
comme celuy qui permute & change la chofe au mot ou vocable par lequel elle eft figni
fiée.

Et d'aduantage depuis que on eft vne
foys

foys imbué de telles voluptez faulces,elles oc
cupent totalement l'entendemẽt de l'om_
me oppinion erronée,de craincte qu'il ne re_
coipue au lieu les naturelz & vraye plaiſir.

✳Certes il ya beaucoup de choſes qui de leur
nature n'ont aulcune ſouefueté ne doulceur,
ains la plus grand' partie d'icelles eſt pleine
d'amertume,& peruertie des blãdices de mau
uaiſe concupiſcence,& toutefois ſont receues
non ſeulement pour les ſouueraines voluptez
mais ſont nombrées entre les principales cau
ſes de la vie humaie.

Errent de
ceulx qui
ſe glorifiẽt
pour eſtre
bien acou-
ſtrez

❧En ceſte eſpece de faulſe volupté les Vto
piés comprennent & collocquent ceulx dont
i'ay faict mention au deuant,qui ſe penſent e-
ſtre plus gens de bien,d'autant qu'ilz ont meil
leure robe, mais ilz errent deux fois en vne
choſe.

❧Certes ilz ne ſont pas mains trompez de
penſer que leur acouſtrement ſoit meilleur,
pour eſtre de plus fin drap, qu'ilz ſont de ceuz
d'aſtiuer quilz ſõt meilleurs pour eſtre mieulx
veſtuz.

❧Or ſi nous conſiderons l'uſaige d'vn habil
lement,qui n'eſt pour aultre cauſe faict,ſi non
pour couurir le corps,& le tenir en chaleur
& ſanté,dirons nous que le drap delié eſt plus
excellẽt que le gros,toutefois ceulx cy cõm
me ſilz eſtoient plus ſingulers de nature que
les aultres modeſtement acouſtrez, ne conſi
derant point leur erreur,leurent leurs creſtes,

leyeut　&

& penſent eſtre beaucoup mieulx priſez,pour
leurs belles robes , & l'honneur quilz noſe
roient eſperer,ſilz eſtoient veſtuz plus ſimple
ment,ilz le vont chercher aux beaux acouſtre
mentz auxquelz lédict honneur demeure, &
ſ'lz ſont contemnez par defaulte de ſ'eſtre biē
en parez,ilz en ſont fort martiz.

Folz hon-
neurs.

N'eſt ce point ſemblable beſterie d'eſtre
honoré de vaine & inutiles honneur:Combiē
recois tu de plaiſir vray & naturel,ſi vn aultre
eſt deuāt toy la teſte nue,& ſil plie les genoux
pour te faire mille reuerences:cela guarira il
les tiens de la goutte : alegera il la phreneſie
de ta teſte:En ceſte repreſentation de faincte

Vaine no-
bleſſe.

volupte,ſ'abuſent & affolent ceulx qui ſe diſent gentilz hommes,pour ce quilz ſont ex-
traictz de race ancienne qui a eſte riche & plā
tureuſe en terres & poſſeſſions,& pour ce ſ'en
glorifient & ſe plaiſant,& pour le temps qui
court nobleſſe n'eſt aultre choſe. Et ſi
leurs maieurs, & anceſtres ne leurs ont de
toutes leſdictes richeſſes rien laiſſé,ou ſi eulx
meſmes ont degaſté & conſumé,ilz ne ſen e-
ſtiment moins nobles d'vne freſe.

Les Vtopiens comptent & ſdioignent auec
ceulx cy,ceulx qui metent leur fantazie en
perles & Pierres pretieuſes,& ſe penſent eſtre
petitz dieux,ſ'ilz quelque fois peuent auoir
quelque excellente pierre de la ſorte dequoy
en leurs temps ceulx du pays faiſoient tant de
feſte·

Or

*Or eft il des pierres de mefme efpece, qui
ne font pas prifées par tout,ny en tout temps.
* Ilz n'en achaptent point qui foient en-
chaffées en or, mais feparées & nues & qui
plus eft ilz adiurent le marchant, & luy font
baillerpleige,pour fcauoir fi la perle,ou pierre
font vrayes, tant font foucieux & craintifz
que leur œil ne foit deceu, & qu'on ne leur
baille vne Pierre faulfe au lieu d'vne
vraye.

*Quand ilz viennent a comtempler ladicte
pierre,& ne fcauent difcerner fi elle eft vraye
ou faulfe,pourquoy leur donne moins de plaifir.

*La faulfe que la vraye:l'ime & l autre doibt
eftre d'egale valeur enuers toy , ainfi qu'enuers vn aueugle.

*Que diroient les Vtopiens de ceulx qui font
threfor, non pas pour fe feruir a leur vfaige du mouceau d'or,mais pour prendre plaifir a le regarder feulémét,ont ilz vraye volup
té,henny certes mais font deceuz de leur plai
fir qui eft faulx & fruftratoire.

* Ceulx auffi qui au contraire cachent leur
or,de quoy ilz nauront iamais lufaige, & qui
voiront parauanture plus,& font en crainte &
foucy quilz ne le perdent,& le perdent iouiffent ilz de vray plaifir:quelle differáce trouué
l'on entre le miffér en terre,& le perdre,& o-
fter de lufaige humain: & toutefois lauarich
eux fe refiouit, & lé tient en ce lieu.

Si quelque larron le defrobe, & le poffeffeur nen fcait rié, & ledict poffeffeur meurt dix
ans apres,que fon threfor a efté pille,combié
a il eu dintereft fil a efté prins,nõ plus que fil
fuft demouré fauf,il en a eu autant de profift
en vne forte,quen lautre.

Ieux hazar deux comme' cartes & dez.

A ces folz & irraifonnables paffetemps ilz
affemblent ioueurs de cartes,de dez, & aultres ieux de hazard,auffi chaff'urs & voleurs
defquelz ilz ont congneu la folie non par vfai
ge,mais par ouir dire.

Quel plaifir ya il,fe difenn ilz,de iecter les
dez dens vn tablier,ce quon a faict tant de
fois,tellement que ql y auoit quelque efbat,
on en pourroit perdre lappetit par fréquent

le plaifir de la chaffe.

vfaige quelle recreation,ou non meileure fafcherie pour en auoir,quouyr les abboye & vr
lement des chiens.

Quel efbat plus grand ya il de veoir courir vn lepurier apres vn liepure,que de veoir
courir vn chien:le femblable ce faict tant dũ
cofte que daultre,ilz courent & racourent,fi
la courfe te plaift.

Mais fi tu as efpoir à la mort du liepure,&
fi tu prens plaifir de veoir metre en pieces de
uant tes yeulx,tu debuerois plus toft eftre ef-
meu à mifericosde de contempler vn pauure
lepuraut eftre deffire dvn chien,vne foible &
debile befte,eftre faragée dvne plus forte, vn
craintif & fuitif beftail eftre deuore dvn d'humain,& vn animant palfible & innocent eftre
menge

menge dvn cruel. Doncques les Vtopiés ont
reiecté tout ceft exercice de chaffe aux bou-
chiers,comme ce ceftoit chofe defhonnefte à
gens libres,lequel meftier de boucherie comme iay dict au parauant,font faire par feruiteurs,& difent que la chaffe,eft la plus petite
partie de boucherie, les aultres parties font
plus vtiles & honneftes,pour ce quelles font
neceffaires a la vie humaine,car vn boucher
cuifinier,rotiffeur,ou paticier, tue les beftes
feulement par neceffité,mais vn chaffeur, ou
voleur,ne faict mourir & diffiper vn mifera-
rable liepure,ou quelque oyfeau,fi non pour
fon deduict ilz font doppinion que ce defir de
veoir ainfi bourreler & meurtrir les pauures
beftes,ne procede que dvn coeur & affection
cruelle,ou que lhomme par couturne exercice de cefte tant inhumaine volupte fe peut a
donner finablement à cruaulté.
￤ Ces affaires la,& toutes chofes de cefte for
te(qui font innombrables)iacoit ce que le co
mun populaire,les recoipue & preigne pour
voluptez,nonobftant les Vtopiens tiennent
quilz uont point de comformite & commerce
auec vraie volupté,pour ce quon ny treuue
rien qui foit doulx & fouef de nature.
￤ De ce que ledict vulgaire prend fon plaifir
ca & la,aux chofes que iay deuant alleguées,
qui luy femble vn acte de volupté,cela neft
femble vn acte de volupté,cela neft point e-
ftrange a fon iugement erronée & faulx. la na
ture

Le Second liure

Femmes groffes def goutees.

tuté de la chofe nempefche point ,mais leur mauuaife couftume,par laquelle ilz prennent les chofes amieres pour les doulces. Ainfi cóme font femmes enceinctes qui mengent de la pòix & du fuif,qui leur femblent plus doulx que miel,pour ce quelles font defgouftées.

L'efpece des vrayz plaifirs.

✳ Le iugement de quelquvn,depraué par mal ladie ou couftume,ainfi quil ne peult muer la nature de nulle chofe,auffi ne peult il changer le naturel de volupté. Des voluptez que les Vtopiens difent eftre vrayes,ilz en mettent diuerfes fortes.Ilz atribuent les vnes à lame les aultres au corps. à lame ilz donnent entende- ment & cefte doulceur & fruition de contem pler le vray.P uis ilz y adiouftent la delectable recordation dauoir bien vefcu,& lefperance indubitable du bié futur,& loyer qui en doibt aduenir.ilz parlét la volupté du corps en deux manieres.La premiere eft,quand le fentimét recoit quelque plaifir manifefte , qui ce faict quand on reftaure les parties du corps, apref. quela chaleur naturellequi eft en nous,a faict fa digeftion,& eft queftion de rechief de pren dre a boire & a menger. Auffi quand on expul fe les chofes,defquelles le corps abonde,òn y prend plaifir,comme en vrinant,iectant la ma tiere fecale en congnoiffant charnellemét noftre femme,en nous frotant ou gratant.

✳ Aucunefois il vient vn plaifir , qui toute. foys ne reftitue aux membres quelque chofe quilz defirét,& fi noftrebien de quoy le corps

f en

s'en treuue mal, mais esment & incite par vne
puissance occulte, & emotion manifeste noz
sens, & les conuertit à soy, comme la volupté
que nous prenons a ouyr les châtz & accordz
de musicque.

❧ L'autre maniere de volupté corporeille, est
ainsi quilz disent, situee en paisible & tranquil
le estat du corps, c'est ascauoir en la santé d'vn
chacun, qui n'est troublée ou empeschée de
malladie aulcune.

Ceste santé, si elle n'est opprimée de quelque
douleur, elle delecte & resiouit l'hôme de soy,
posé ores qu'elle ne soyt esmeue, pour aulcune volupte adioustée exterierement. Iacoit ce
quelle s'esleue & soffre moins à nostre sés, que
c'est enflé appetit de boire & de menger, ce ne
antmoins plusieurs l'ordonnent estre le plus
grand plaisir de tous les plaisirs, brief tous
les Vtopiens quasi disent & confessent que
c'est le fondement & sustentacle de toutes vo
luptez: pour ce que seule elle rend l'estat & cô
dition de vie humaine coye & desirable. Tel
lement que quand elle est absente, nul plaisir
ne seroit auoir lieu.

✱ Estre exempt de douleur si santé n'est pre-
sente, ilz appellent cela alienation de sens &
non pas volupté. Ia long temps ya qu'ilz ont
reiecte l'oppinion de ceulx qui soustenoient
que santé ne deuoit estre receue pour volupté
pource qu'on nen auoit l'aperceuance par aulcun mouuement exterieur.

❧ Chez

✳ Chez eulx cefte queftion á efté debattue
vertueufement,mais maintenant tous faccor
dent au contraire prefque,& difent que fantç
ne feroit eftre fans volupté.

⸿ Comme ainfi foit qu'en maladie y ait douleur,fi difent ilz,ãlle eft lennemye mortelle de
volupté,ne plus ne moins que málladie eft en
nemye de fanté,pour quoy au contraire ny au
ra il volupté en fanté; il nya point dinterest
fon dict malladie eftre douleur, ou fi on dict
en malladie eftre douleur, autant emporte
lvn que lautre.

⁋ Auffi fi fante eft volupté mefme, ou fi neceffairement elle engendre volupté cõm me
le feu engendre chaleur,certes il fe faict dvn
cofté & daultre,que ceulx qui ont fanté con-
ftante & entiere,ayent ne plus né moins volupté & plaifir. Quand nous beuons & men
geons difent ilz,queft ce aultre chofe fi non
fant élaquelle fe commencoit a empirer qui
bataille contre la faim, auec fecours des viandes: puis quand en cefte faim fanté eft,petit à
petit reualidée iufques à la vigueur acouftu-
mée,elle nous fuggere & induict ce plaifir &
volupté parquoy nous fommes refectionnéz.

✳ Santé doncques qui fe refiouit en ce cõflict
ne prédra elle point plaifir,apres auoir gaigné
la victoire côtre faim:puis quãd elle aura a la
fin acquis fa force premiere,õlle ãrelloit &de
mãdoit feulemẽt p ce debat fudit,feft onera el
le, ne prédra elle poĩt recreatiõ:ne cognoiftra
                                        elle

elle point le bien qui luy eſt aduenu: Vtopiens
diſent que ce neſt pas veritablement parlé de
dire quon ne ſent ſa' ſanté.

¶ Qui eſt ceſtuy qui en veillent ne ſe ſent ſain
ſi non celuy qui ne l'eſt point: Certes il neſt ia
mais ſi aliené de ſens, ou aſtrainct de lethar-
gie. quon appelle oubliance de ſoy, quil ne cõ
feſſé que ſanté luy eſt recreatiſue & ioyeuſe.
comme nommez vous delectation, ſi ce neſt
volupté en aultres termes: leſdict Vtopiens
ſingulierement ſadonnent aux voluptez de la
me, eſtant d'opinion que ce ſont les princïpa-
les dentre toutes les aultres, & diſent que la
meilleure dicelles vient de l'xercice des vertuz, de bonne vie, & bonne conſcience.

¶ Touchant les voluptez du corps, ilz dõnét
la palme à ſante, comme la plus exquiſe & excellente.

✳ Le plaiſit quon prend à boire & à menger,
& toute choſe qui contient telle ſorte de volupte, ſont a appeter, mais ceſt comme ilz diſent, non point aultre cas ſi non pour garder
la ſanté,

veritablement telles choſes ne ſont plaiſantes
de ſoy, mais ſont neceſſaires, vn tant quelles
reſiſtent à maladie, qui pourroit ſuruenir ſe-
cretement. Ainſi quil eſt plus decent a vn hõ
me ſaige de ne vouloir tumber aulx infirmitez & malladies, que de deſirer à prendre medecine, & pareillement dopprimer les douleurs, plus toſt querre & chercher remedes &

I ſecours

secours auſſi vault il mieux n'eſtre ſoufreteux
de ceſte eſpece de volupté deuant diɩte , que
deſire reſtauré par deffaulte d'en auoir vſé.

꙳ Or ſi aulcun ſe penſe bien eureux pour a-
uoir la fruition des voluptez corporelles deuant alleguées il fault finalement qu'il confeſſe qu'il ſera pour laduenir en grande felicité,ſi la vie luy eſchier qui conſiſte en fain con
tinue.ſoif,eſmouuement de la chair,menger,
boire,grater,& frotter.

꙳ Et qui eſt celtuy la qui ne penſe bien que
telle maniere de viure ne ſoit ſeulement ſale
& orde,ains auecques ce miſerable: Ces plai
ſirs la ſont les moindres ce tous,pour ce quilz
ne ſont entiers & parfaictz,& iamais n'aduie
nent quilz ne ſoient ioinɩtz & meſlez auec
douleurs & tormentz contraires:Auec le plai
ſir qu'on prend à menger,fain y eſt mixtion-
née & complée,& non pas eſgallement. Car
tant plus eſt la fain vehemente, tant plus en
eſt longue la douleur.

꙳ La fain ſuruient deuant le plaiſir qu'o
prent a boire & menger,& iamais n'eſt extain
ɩte que le plaiſir ne meure quand elle.

꙳ Doncques les Vtopiens penſent bien qu'il
ne fault pas faire grande eſtime de telz plai
ſirs,ſi non en tant que la neceſſité le requiert,
toutefois ſen reſiouiſſent,& recognoiſſent le
bandon & permiſſion de noſtre mere nature,
qui donne eſiouiſſance & recreation à ſes crea
tures,meſmes aux choſes qu'il fault faire tant
souuent

+ imperat hoc Natura potens. Hor. l. 2. Sat. l.

fouuent par neceffité fil failloit expulfer les
malladies quotidianes qui viennent de fain &
foif par remedes, dozes, pótions & ordonnan
ces comme les aultres infirmitez qui nous vié
nent plus à tard, quel, plaifir aurious nous de
viure? ilz entretiennent & confortent leur
beaulté, force, & agilité, comme les dons de
nature voluptueux & propres. Auffi font ilz
les plaifirs qui font introduictz par Louys, les   *l'ouye*
yeulx & les narines, lefquelz nature a voulu
eftre propres & peculiers à lhomme.
¶ Certes il n'ya point d'aultre efpece d'ani-
maulx qui contemple la beaulté & forme du
monde, & qui foit incitée de la grace & hon-
nefteté des oudeurs, fi ce n'eft à la difference
du menger, que lhomme, & auffi qui en-
tende laccord, ou difcord des fons muficaulx.
✶ Brief les Vtópiens pourfuyuent telles
fortes de menuz plaifirs, comme fi ce fuffent les faulces donnantz faueur a vie humaine & ont cette mode en toutes chofes que
le moindre plaifir nempefche le plus grand,
& que volupté quelquefois, nengendre douleur, ce qui aduient neceffairement, quand
ladicte volupté eft fale & defhonnefte. ilz
penfent eftre vne trefgrande folie deftre
nonchalant de lhonneur de fa beaulté, empirer & deteriorer fa force, tourner en pa-
reffe fon alegreté & prôptitude, attenuer fon
corps de ieunes, faire tort à fa fanté, & mefpri
fer les aultres doulceurs & bládices de nature

ſi quelqu'vn ne contemnoit ſon profiſt , pour
plus ardammēt procurer le biē publicque, de
quoy il eſpereroit pour ſa deſſerte eſtre recõ-
penſé de dieu de plus grand plaiſir,aultremēt
pour vne vaine vmbre de vertu,ſaffliger ſans
quil en reuienne bien & vtilité aulcune à ſon
prochain, & pour porter les aduerſitez , qui
poſſible n'admendront iamais,moins faſcheu
semēt,ce leur ſemble choſe friuole & de neāt,
& meſme le tour dvn courage enuers ſoy cru
el, & a lencontre de nature ingratiſſime, qui
renonce à tous ſes bienfaictz , comme ſil ne
daignoit eſtre tenu à elle daulcune choſe.

*Notez ce-
cy diligem
ment.*

¶ Voila lopinion des vtopiens touchant vertu & volupté, & ne penſent point quon en
peuſt trouuer de plus veritable ſelon humaine raiſon,ſi religion intromiſe du ciel ninſpi-
roit à lhomme choſe plus ſaincte. En quoy ſi
leur iugement eſt bon ou mauuais, le temps
ne ſouffre que nous en explicquons rien, &
neſt de neceſſité pour ce que nous auons entreprins de faire narré de leur maniere de fai
re & de viure,& non pas de defendre & aprou
uer icelle.

*La felicité
des Vto-
piens & de
ſcriptiõ di
ceulx.*

✳ Quand au reſte,tellement quellement que
leurs conſtitutions voiſent,iay ceſte credence
quen nul endroict de la terre il hya peuple plˢ
excellent,ne republicque mieulx fortunée.

✳ Ilz ſont agiles de corps & fermes, & plus
puiſſantz quèleur ſtature ne monſtre,qui neſt
non obſtant baſſe ne petite.

Comme

Comme ainfi foit que leur terroier ne foit des plus fertiles du mõde, ne leur air pas beau coup fain, ce neanmoins par temperance & fobrieté de viure conferuent leur fante, fe for tifient contre les corruptions qui peuent ad- uenir, & par leur induftrie remedient fi bien à la terre, quen nulle region du monde nya pl9 grande abondance de fruict ne de beftiaulx, ne mefmes de gens qui viuent plus longue- ment, ne qui foient moins fubiectz a maladie. On ne voirra point feulement en ce lieu les chofes bien arrunées & auec bonne diligence comme font communement laboureurs, qui par art & trauail amelioriffent les terres, qui de leur nature font mauuaifes, mais on voir- ra dauantaige par les mains dvn populaire en vn endroict bois & foreftz totalement arra- chées, & en lautre plantées: & en cefte befon- gne ilz nont efgard à luberté & affluence, mais au charroy & vecture, affin que les bois foient plus pres de lamer, ou des riuieres, ou des villes mefmes.

✱ Les fruictz & grains famenét de plus loing & fachirent par terre plus aiféement, que ne font les bois. La gét dVtopie eft facile, recrea tifue, induftrieufe & aymant requoy, toutefois affez trauaillante corporellement, quand il en eft meftier, aultrement non.

Quand a lexercice de lefperit iamais ne fe laiffe or apres auoir ouy de nous & entendu quelques propos que nous leur tinfmes tou-

I iii   chãt

chant les lettres & fcience des grecq,(quand
aux latines ilz nen faifoient pas grand compte,fors de ce qui eftoit comprins es hiftoires
& pœfies) vous feriez efmerueillez comme ilz
nous prefferent de leur monftrer & lire : par
quoy nous commencames leur faire lecons
de grecq,affin que ne fuffiós veuz leur refufer
plus toft noftre premier labeur , que defperer
fruict aulcun diceluy. Et quand nous eufmes
vn petit procedé,ilz feirent tant par leur diligence,quil nous femble à noftre efprit neftre
vain & friuole leur impartir la noftre, & leur
eflargir & communicquer fi peu de fcauoir
que nous auons acquis en cefte dicte langue.

Merueil
leufe doci
liκe des
Vtopiens.

Brief lefdictz Vtopiens apres les auoir introduictz vindrent a imiter & contrefaire fi
aifeement les caratheres des lettres grecques
prononçer tant bien & clairement les motz,
les aprendre & retenir fi legierement , & les
rendre tant fidelemét,que ce me femble cho
fe miraculeufe. Vne partie diceulx Vtopiens,
non feulement enflammes de leur propre
vouloir,ains auffi par lordonnance de leur fenat entreprindrent à fcauoir ladicte fcience
grecque , & ny furent, efleuz fi non les plus
beaux efpritz & meurs daage dentre leurs é-
ftudiantz :par quoy ny eut rien en ladicte lan
gue,touchant ce quilz defiroient fcauoir des
bons autheurs,quilz ne parlent fans faillir , fi
daducture ny auoit faulte aux liures,enmoins
de troys ans. Et ce qui leur feift aprendre plus
facilement

Maintenát
les groffes
beftes font
deftinez
&les beaux
aux lettres
efperizt
corrom-
puz parvo
luptez &
aux plaifirs
mondains

facilement comme ie croy cesdictes lettres,
cest quaulcunnement elle aprochent de leur
langaige, Iestime que ceste gent a prins son o‑
rigine des grecqs, pour ce quen leur langue
ilz vsent daulcunz termes grecqs, comme au
noms de leurs villes & offices, Quand au resi‑
du leur langaige est presque tout persicque.
✚ Ilz ont de moy quelques oeuures de platõ
plusieurs daristote, aussi Theophraste des plã
tes. Quand ie feis mon quatrieme nauigaige
ie mis en la maniere vn petit pacquet de liures
au lieu de marchandise, pour ce que iamais de
termine de faire biẽ tost retour de ladicte isle.
✚ Or ledict Theophrase en plusieurs passai‑
ges estoit gasté, dont ie fus bien marry, com‑
me nous estions sus mer, iauois esté negligent
de la serrer, par quoy sey vint adresser vne
guenon, laquelle se iouant & folastrãt en tout
en dessira ca & la quelques fueilletz. Dentre
les grammariens ilz ont seulement lascare, ie
ny porté point quand & moy Theodoric, ne
dictionaire anlcun fors hesichines & dioscode.
✳ Ilz ont les liures de plutarcque tres agrea‑
blés, & se delectent a lelegance & feceties de
lucian.
✳ Entre les pœtes ilz ont aristophane, Home
re. Euripide & Sophocles de la petite impres‑
sion dalde.
✳ Des hystoriens ilz ont Thucidide, herodote
& herodiã. En medecine, vn de mescõpaignõs
nõmé tricí⁹ apinat⁹ yauoit apporté auecqs luy
                    I iiii   quelques

quelques petitz oeuures d'Hippocras,& le mi
crotechne de Galien,qui est a dire le petit ouuraige,desquelz liures ilz font grand feste. Et
combien quilz ayent moins affaire que gens
du mode de l'art de medecine,ce neantmoins
en nul endroit de la terre n'est plus en hôneur
& prix,qu'en Vtopie,pour ce qu'ilz comptét
ceste science entre les tresbelles & vtiles parties de philosophie,par l'aide de laquelle philosophie quand ilz cherchent les secretz de
nature,ilz ne pésent seulement de cela recep
uoir vn plaisir admirable,mais auoir acces
grand d'entrer à la grace de l'autheur & ouurier d'icelle nature naturée.

Et font d'oppinion que dieu a la maniere
des aultres ouuriers ait exposé & mis en pa-
tent la machine du monde,pour estre contem
plée & regardée de l'homme,lequel il a faict
seul capable,de ceste tant excellente chose,&
que tant plus la creature humaine sera curieu
se & songneuse de veoir & remirer ledict oeu
ure diuin,tant plus le ouurier aymera ladicte
creature: trop plus beaucoup que celle,qui
comme vne beste,ou nya point de entendement sans estre esmeue & incitée mettra à
desprix ce regard spectacle & tant merueilleux.

Les espritz des Vtopiens,quand ilz sont
exercitez aux lettres,ilz ont admirable valeur
aux inuentions des artz qui sont commodes à
la vie humaine,mais ilz sont tenuz à nous
de deux

de deux chofes, c'eft de l'art l'imprimerie, &
de faire le papier, & non feulement à nous,
mais auffi a eulx mefmes pour la grand' part,
☙ Or comme nous leur monftriôs quelques
lettres imprimée en papier de la façon dalde,
& leur parlions de la matiere de faire ledict
papier, & de linduftrie d'imprimer feulement,
fans leur explicquer & declarer plus oultre,
pour ce que nul d'entre nous ne fcauoit ne lû
ne l'autre meftier, foudain vindrent à concepuoir en leur entendement treffublablement
la befongne, & comme ainfi foit qu'au parauant ilz efcriuiffent feulement fus peaux, en
efcorces, & rofeaux, toft apres effayerent a fai
re le papier, & a imprimer.
☙ Vray eft que pour le commencement ilz
ne befongnerent gueres bien, mais en experi-
mentant fouuent vne mefme chofe, en peu
de temps furent opuriers en tous les deux
meftiers, & feirent tant que la ou ilz nauoient
que des copies des liures Grecqs, ilz eurent
tout plein de beaux liures imprimez de leur
impreffion.
☙ Certes maintenant ilz n'ont rien aultre
chofe quand aux liures que ce que iay recité,
mais fus lefdictes copies imprimées, ilz ont
diuulgue & mis en lumiere plufieurs milliers
de volumes.
☙ Si d'aduenture il vient quelque perfonnai
ge en Vtopie pour veoir le pays, & fil eft hô
me de cerueau & d'efprit, & fil a veu le môde

&

& leur en puiſſe parler & deuiſer, croyez qu'il
eſt le biē venu, pour ceſte cauſe ie y fus agrea
blement recueilli, & noſtre arriuée leur fut
agreable.

➣ Certes voluntiers eſcoutent, quand on
leur compte ce qu'il ſe faict au monde. Quãd
au reſte gueres de marchantz ne vont en ce
lieu pour marchander, qu'eſt ce qu'ilz porte-
roient, ſinon du fer, ou or & argent? qu'vn chaſ
cun aymeroit mieulx reporter eu ſon pais.

℄ D'aduantage ce que les marchantz pour-
royent charger en ce pais, eulx meſmes l'ayment mieulx tranſporter aux aultres regiõs,
& me ſemble vng acte de prudence, que les
eſtrangers les viennent querre en ce lieu, ce
qu'ilz font, affin quilz ayent la certitude & co
gnoiſſance des mœurs, & de la maniere de viure des natiõs foraines, & auſsi de peur qu'ilz
ne mettent en oubly l'uſaige & ſcience de la
mer.

฿ Des

✚ Des ferfz.

ILZ N'EVSSENT point d'efclaues & ferfz qui ont efte prins à la guerre, fi la guerre n'a efte menée par eulx mefmes ne fe feruent denfantz de ferfz, ne de fer= uiteurs qui pourroient achapter des aultres nations, mais de ceulx de leur païs, qui ont efté redigez à feruitude pour aulcun crime, ou de ceulx qui font condamnez a mort aux villes eftrangieres, dequoy il eft le plus, & de ceulx la ilz en amenent beaucoup qui ne leur couftent gueres, & le plus fouuet les ont pour neant.

La mer= ueilleufe e= quité de cefte gent vtopiéa.

✚ Telles

❡ Telles manieres de seruiteurs sont contrainctz de ne besongner seulement tant que
ilz viuront, ains sont detenuz & serrez en char
tres & prisons apres auoir ouuré, ilz traictent
plus rudement ceulx de leur pays que les e-
strangiers, comme ayantz merité plus dur tor
ment & comme gens perduz, ou n'ya nul espoir de conuersion, consideré quilz auoyent
esté de ieunesse tout bien nourriz & instruictz
a vertu, & toutesfoys ne se sont peu contenir
d'estre meschantz.

❡ Ilz ont chez eulx daultres sortes de seruiteurs, quand quelque valet destuues, ou aul
tre manouurier de vne aultre region, qui est
pauure & bien besongnant de son gré eslit
seruir en Vtopie, ilz les traictent honneste-
ment, & ne leur donnent gueres plus de trauail, que ce qu'ilz ont eulx mesmes acoustu-
mé de prendre, & ne les recoipuent gueres
moins humainement & doulcemét que leurs
citoiens.

❡ Quand quelqu'vn d'eulx s'en veult retour-
ner à son pays, ce qui n'aduient souuent, ilz ne
le retiennent oultre son vouloir, & ne le laiss
sent aller sans le bien salarier.

Des mala
dies.
✶ Ilz pensent tre bien des malades comme
i'ay dit au parauant, & n'obmettent rien tota
lement, qu'ilz nestoient par medecines, ou
bons traictementz de vins & viandes, reshis
en santé.

❡ Mesmes ceulx qui sont malades de mala
dié

die incurable, ilz les confolent de leur parol
le, de leur prefence, en adiouftant finalement
tous les comortz qu'il eft au monde poffible
de leur donner.

Et fi la douleur n'eft feulement irremedia
le, ains continuellement vexe & afflige le paˉu
ure patient, lors les preftres & gouuerneurs
du pais viennent admonnefter le langoureux,
lui remonftrantz puis qu'il eft incapable priˉ
ué, & eftrangé de tous plaifirs & benefices de
vie, n'apportant qu'ennuy & fafcherie aux aulˉ
tres, a luy mefme nuifible, furuiuant fa mort
ne fe doibt determiner de plus longuemeˉt
nourrir ce mal, & confideré auffi que la vie ne
luy eft aultre chofe que torment, ne craigne
mourir, mais qui plus eft preigne bon efperaˉ
ce, & fexempte luy mefme de cefte tant dou
loureufe & miferable vie comme d'une priˉ
fon & eguillon qui toufiours le poinct, ou de
fon gré fouffre que les aultres l'en oftent, &
qu'en faifant cela, il deftruira par fa mort, noˉ
pas fon bien & commodité, mais fon fuppliˉ
ce, & fera prudentement, religieufement &
fainctement, apres auoir obey en telz affaires
au confeil des preftres, qui font declarateurs
des voluntez de Dieu. Ceulx a qui ilz ont per
fuadé ces chofes voluntairement finent leur
vie par faim, ou font induictz a dormir, & en
dormant font deliurez de leurs maulx, fans
fentir nullement les douleurs de la mort, &
croient qu'il eft honnefte d'ainfi mourir, hom
me

Mort vⁱ
luntaire.

me neft contrainct en ce point finer fes iours,
fil ny prefte fon vouloir, & ne laiffent de luy
faire plaifir & feruice durant fa maladie, aultrement celuy qui fe donneroit la mort fans
l'authorité & confeil des preftres & du Senat
fon corps n'eft point bruflé ne mis en terre,
mais iecté fans fepulture vilainement dedans
quelque palus ou bourbier, vne fille ne fe marie point en ce pais qu'elle n'ayt dixhuict ans,
& vng compaignon qu'il n'ayt vingt & deux
ans. Si l'homme ou la femme deuant quilz
foyent mariez font conuaincuz de furtiue lu-
bricité, on les punit griefuement, & font pri-
uez d'eftre iamais mariez, fi le prince ne leur
faict grace. Le pere & la mere de famille ou
tel acte a efté perpetré, cóme n'ayát point bié
faict leur debuoir de les garder, demeurét en
grande infamie & fcandale.

Et ce qui eft caufe qu'ilz font fi groffe punition de ce delict, ceft quilz confiderent pour
l'aduenir que peu f'entretiendroiét en amour

Des ma-
riages.

coniugale, ou il fault vfer fa vie auec fa partie, & endurer les ennuiz & fafcheries de mariage ce pendant, fi diligemment n'eftoient refrenez & retrenchez d'adultere.

Le rit & mode qui femble a nous irrai-
fonnable & ridicule a choifir femmes, ilz l'ob-
feruent a bonefcient, grauement & fans mocquerie.

✱ Quand quelqu'vn d'eulx fe veult allier par
mariage a quelque ieune pucelle, ou femme
veufue

veufue, vne mere de famille honnefte & faige
fera defpoullier ladicte fille ou femme la pre
fentant deuant l'amoureux, autât en fera quel
que vertueux homme dudict amoureux, le li=
urant tout nud deuant lamoureufe, & cõtem=
pleront l'vn lautre hault & bas, pour cognoi=
ftre fe tout y eft bien accompli, or côme nous
n'approuions çefte couftume, nous en moc=
quant comme chofe mal deçente & deshône=
fte, les Vtopiens feirent refponce, qu'au con=
traire ilz f'efmerueilloient de la grande folie
de toutes les aultres nations, lefquelles quand
il eft queftion d'achapter feulemêt vn cheua=
lot de cincquante fouldz, *ilz ont tant=*
les Ilz ont tent de peur d'eftre trompez, que
iaçoit ce qu'il foit quafi tout nud, encore refu=
fent, ilz à l'achapter, fi lon ne luy ofte la felle
& la bride, de peur que foubz ces couuertures
la il ny ait quelque vlcere cacheé.

¶ Et quand ilz fe dementent de choifir vne
femme, dont il vient plaifir ou fafcherie qui
durent toute la vie, ilz font fi peu fongneux,
qui la prennent non fans grand peril & dan=
ger d'eftre mal affortez, fi par apres quelque
chofe ne leur plaift, ne la voyant feulement q̃
par le vifage defcouuerte, ou a grand peine y
il la largêt d'une paulme, fi que tout le demou
rant du corps eft enueloppé & couuert de rob
bes & acouftrementz.

¶ Certes les Vtopiens ne fe tiennent point
fi faiges, qu'ilz ayent efgard feulement à
la

la bonté d'vne femme, les plus prudentz mef
mes de ce pais quand ilz se marient, veulent
bié qu'auec les vertuz de lesprit de leurs fem
mes, soient adioustées aussi les graces & per
fections du corps.

Gratior et
pulchro
bonlins in
corpore
virtus
Æneid. 5.
D. 344.

℃ Veritablement telle difformité se peult re
couser soubz telles enuelopes & rideaux, que
elle pourra totallement aliener le cœur d'vn
mari d'aymer iamais sa femme, lequel ne se
peult plus separer du corps de ladicte femme.
Et sil viét a cognoistre ceste difformité apres
le mariage contracté, il fault qu'il endure & se
contente, doncques il est mestier deuant le
mariage d'y pouruoir par loix & ordonnances
affin que nul n'y soit trompé, & dautant plus
soigneusemét les Vtopiens y ont pensé, pour
ce que cest la nation seule qui entre toutes aul
tres, de ceste partie la du monde, se cótente

Les diuor
ces.

d'une seule femme, & le mariage en ce lieu
ne se rompt pas souuent aultrement que par
mort, si adultère n'en est cause, ou fascherie &
ennui de complexion qu'on ne peult tolerer.
Quand le mary ou la femme sont offensez
par adultere, a celuy qui a droict est donné có
gé par le Senat de changer sa partie, celuy ou
celle qui a tort demeure scandalizé & infame
& ne se peult iamais remarier, de repudier sa
femme maugre qu'elle en ayt, qui n'a faict
faulte, & pource qu'il luy est aduenu quelque
maladie, ou accident en nulle sorte ne l'en du
rent.

J'associe au lict, la beauté ayant ✳ Ilz
la bonté ... On faict quelque chose sans les
graces de l'esprit, rien sans les graces corpor-
elles. C'est le vrai aduentage des dames que
la beauté ..... Montaigne Liv. 1. ch. 27.
Liv. 3. ch. 3.

¶ Ilz disent que c'est chose inhumaine de
delaisser vn personnage specialement quand
il a necessité de confort & consolation, & de
se moustrer desloyàl a femme & mary quand
il est vieil, veu que vieillesse est subiecte à beau
coup de maladies, & mesmes est vne vraye
maladie, quand au reste, il aduient aulcunesfoys quãd deux gens mariez ne peuuét durer
ensemble, de leur volunté & accord se sepa-
rent, & treuuent parties auec lesquelles ilz
esperent viure plus doulcement, & se mariét,
mais non pas sans l'authorité du parlemént,
qui n'admet poinct le diuorce se la cause ne
luy est diligemmét congneue par le recit des
maris & des femmes.

¶ Encore cela ne se faict facilement, pour
ce que la court congnoit que cest espoir facile de nouueau mariage propose & mis deuant
les yeulx des personnes n'est chose vtile à entretenir & conformer l'amour entre gens mariez.

¶ Ceulx qui rompent mariage sont puniz de
griefue seruitude, c'est a sçauoir quand vn hõme marié se ioue auec vne femme mariée aultre que la sienne, ou qu'vne femme mariée
prend son plaisir auec vn aultre que son mary, ceulx à qui on a faict tort repudient les a-
dulteres, & leur est permis de se marier ensemble sfilz veulent, ou a d'autres ou bon leur sem
blera.

¶ Mais si vn hõme qui a esté offensé ou vne

femme ne veulent abandonner leurs parties,
& persistent en l'amour d'icelles, qui leur ont
faict si grand desplaisir, ne leur est inhibé ne
defendu de viure ensemble en mariage, pour
ueu que l'innocent voise auec celuy qui est cõ
damné d'estre en seruitude & besoughent cõ
me les aultres serfz & criminelz.

¶ Et de cela aduient aulcunesfoys que la
penitence de l'un, & soing proffitable de l'aul
tre tournât le prince à pitié, les remet en leur
premiere liberté, mais si celuy qui a offensé re
cidiue, on le faict mourir aux aultres delictz
nulle loy a establi certaine punition, mais d'au
tant que le crime est atrocé ou legier, d'autant
la peine est decernée grande ou petite par les
Senateurs.

Punitions
estimees a
l'arbitrage
des offi-
ciers.

¶Les maris punissent leurs fémes, & les peres
& meres leurs enfantz silz n'ont commis chose
se si enorme, qu'ilz les faille punir publicquement pour donner exemple aulx aultres.

Mais communément les gros pechez sort
punis de seruitude, & pensent les Vtopiés icel
le seruitude n'estre moins griefue & triste aux
delinquantz que si on les faisoit mourir, &
si apporte plus grand proffit à la republicq.
✳ Certes leur trauail est plus vtile & plus
proffitable que leur mort, & par leur exemple destournent plus longuement, & donnent terreur aux aultres de faire le semblable.

¶ Et si en ce point traictez ilz se rebellent
&

& recalcitrent, finalement ainfi que beftes in-
domptées & felonnes, font occis lefquelz la
chartre auffi les chaines n'ont fceu refraindre
ceulx qui portent leur captiuité patiemmeht
ne font exemptz totalement de toute efperance.

℣ Apres auoir efté domptez & chaftiez par
longs tormentz, fi on voit en eulx telle penitence, qui tefmoigne & donne apparence que
le peché quilz ont commis leur foit plus def-
plaifant que la peine qu'llz fouffrent la feruitude eft mitigée, ou remife par la prerogatiue & authorité du prince, ou par le commun
accord du peuple auoir follicité vne fille pour
la deflorer, il n'y a moins de danger que de l'a-
uoir violé.

℣ Ilz efgalent tout effort & propos deliberé à l'acte, en tout crime, & la volunté reputée
le faict, difantz que l'empefcement ne doibt
profiter à celuy, auquel il n'a tins qu'il ait eu
empefchement.

℣ Les Vtopiens prennent grand plaifir
aux folz. Et tout ainfi comme c'eft grand def-
honneur & reproche de leur faire oultrage &
iniure, par femblable ne defendent point que
on ne preigne recreation à leur folie: Et difent que cela tourne à grand bien aux folz,
pour ce que fi aulcun eft trouué tant feuere
& trifte que il ne rie des faictz & dictz que
on veoit en vng fol il ne luy donnent iamais
la tution & garde dudict fol, craignantz

K ii   quil

La puni-
tion qu'lz
font   de
ceulx qui
folliciteur
les   filles
pour   les
deflorer.

qu'il ne soit assez doulcement pensé de celuy
à qui il ne peult apporter fruict aulcun, ou de
lectation , qui est le seul bien qui les tient
en santé & bonne disposition, de se truffer ou
gaudir d'vn personnage laid ou imparfaict de
ses membres, ce n'est le deshonneur de celuy
qui est mocqué, mais de celuy qui faict la ion
cherie, qui luy reproche folement comme si
c'estoit vice vne chose qui n'estoit point en
sa puissance d'euiter & escheuer, ainsi que les
Vtopiens sont d'opinion q de ne garder point
sa beaulté naturelle, c'est à faire à gens nōcha
lans & paresseux, aussi reputent ilz insolence
deshonneste de se farder.

De ceulx
qui se far
dent.

℃ Ilz sont d aduis que par cest vsaige aulcun
ne grace de beaulté de femmes ne doibue e-
stre tant recommendable à leurs maris, comme bonté de meurs & reuerence. Et tout ainsi comme on veoit qu'aulcuns se delectent en
la seule beaulté, d'vne femme aussi n'est il hō-
me qui y soit retenu, sil n'y treuue vertu & o-
beissance,

Les Vto-
piens inci-
tent leurs
citoyens a
faire leur
debuoir
par loyers
& presetz

℈ Les Vtopiens ne donnent seulement terreur par punitions à ceulx qui auroient you-
loir de mal faire, ains se nōment a vertu ceulx
qui ont vouloir de bien faire par prix & hō-
neurs mis deuant leurs yeulx, pour tant en
ilz coustume de faire mettre en lieux publicq-
ques les statues des excellentz personnaiges
qui ont faict quelques plaisirs à la republicque
en souuenance de leurs bons actes, affin que la
gloire

gloire de leurs maieurs ſoit vn eſperon & inci-
citation aux vertuʒ, à leurs poſterieurs.

⸿ Celuy qui ſera attainct d'auoir pretendu à
quelque dignité ou office par corruption, ne
ayt iamais eſpoir de paruenir à aulcunne, ilʒ
frequentent & conuerſent enſemble amiable
ment, les officiers ne ſont arrogantʒ, fiers, ne
terribles, ilʒ ſont nommeʒ peres, & ſe monſtrent telʒ, voluntairement on leur faict l'hon
neur qu'on eſt tenu de leur faire, les ſubiectʒ
ne les honorent maugré eux, les robes pre-
cieuſes, ne la couronne ne deuiſe point le prin
ce des aultres, on le congnoiſt ſeullement à
vne poignée & glenne de blé qui ſe porte deuant luy, comme l'enſeigne d'vn Euesque &
prelat eſt vn cierge que quelque miniſtre tiét
en main deuant luy.

Iugement
des ambi-
tieux.

✳ Ilʒ ont bien peu de loix, & ſ'en contentent
pource qu'ilʒ ſont bien regis & gouuerneʒ, &
blaſment ſpecialement ceſte choſe chez les
aultres nations, c'eſt aſſcauoir qu'infinitz liures
de loix & d'interpreteurs ne leur ſuffiſent, ilʒ
diſent que c'eſt choſe treſiniuſte, qu'aulcuns
hommes ſoient obligeʒ à telles ordonnances,
qui ſont en ſi grand nombre qu'on ne les ſca-
roit parlire, ou ſi obſcures qu'ame ne les entend, les aduocatʒ auſſi qui traictent les cau-
ſes finement & cauteleuſement, & diſputent
des loix trop ſubtillement & malicieuſement
ſont tous expulſez de leur republicque, di-
ſantz que c'eſt le profit que vn chaſcun mene

La dignite
du prince.

K iii   ſa

sa cause,& que il racompte au iuge,Les choses mesmes que il pourroit,reciteroit à son ad
uocat.

⚘. Ainsi y a il moins d'ambages, & plus facilement on tire vne verité, quand celuy mes
me qui playde compte sa matiere , lequel nul
aduocat ne luy à apprins vn tas de finesses &
fainctises dequoy ilz ont accoustumé d'u-
ser.

*. Parquoy le iuge diligemment & indu-
strieusement pese toutes choses , & ayde aux
hommes simples , contre les tromperies des
rusez & caultz,ce qui est difficile d'obseruer
chez les aultres nations entre si grand tas de
loix perplexes & doubteuses.

⚘ Quand au reste , en Vtopie vn chascun est
bon legiste,car comme iay dit il ya bien petit
nombre de loix,& tant plus en est linterpreta
tion grossiere,d'autant plus ilz l'estiment e-
quitable & droicturiere.

⚘ Consideré (disent ilz) que toutes loix se
promulgent,affin que chascun soit admonne
sté de faire son office & debuoir, quand ladi.
cte interpretation en est plus subtile & cachée
peu en ont la cognoissance, parquoy peu en
sont administraz , mais quand le sens en est
plus facile simple & vulgaire, il est manife-
sté à tous aultrement auoir si grand monceau
de loix qui touchent le peuple, & a besoing
d'en estre admonnesté & les scauoir,& ne les
peult entendre, qu'elle difference y trouuez
                                        vous

vous sinon qu'il seroit aussi vtile de n'en auoir
poinct faict qu'apres qu'elles sont establies
les interpreter en sorte que nul ne les peult
exprimer sinon par grand esperit & longue
disputation, a quoy ne peut attaindre pour en
chercher le sens, vn peuple rude, & de gros
entendement, & aussi sa vie n'y peult suffire
& vacquer, pource qu'elle est empeschée aux
choses qui luy sont necessaires touchant boire & menger.

℣ Les peuples voisins incitez de la bonne police & vertu des Ytopiens, lesquelz peuples
francz & libres, vont leur demander des officiers & gouuerneurs si que les vnz en impetrent tous les ans, les aultres pour cinq ans
(cettes lesdictz Vtopiens ia de long temps
en ont deliuré plusieurs de tyránie) puis quád
lesdictz gouuerneurs ont faict leur temps ilz
les remenent auec honneur & louenge, & en
remenent de nouueaux en leur pays.

Ainsi lesdictes nations tresbien certes &
salutairement poruoyent à leur republicque,
de laquelle veu que le salut & grand despend
de meurs des chefz, & magistratz, qu'eussent
ilz peu plus discretement & sagement estire,
que ceulx qui sont incongneuz à leurs citoyens, & qui ne peuuent estre diuertis de
honnesteté par or ne par argent (que leur
proffiteroit l'or & l'argent, veu quilz font retour en peu de iours en leur pais, & puis ilz
n'en n'ont nulz vsage) & aussi ceulx que on

ne peult fleschir pour l'amour ou la hayne
d'aulcun.

℃ Ces deux maux icy auarice & affection depuis qu'ilz s'appuient à quelques iugementz,
foudain peruertiffent & rompent toute la bó
ne iuftice, qui eft le trefpuiffant nerf de la repu
blicque.

Les Vtopiens appellent ces peuples a qui
ilz baillent des gouuerneurs, qui par eulx leur
font demandez, leur, confederez & alliez, &
les aultres à qui ilz ont faictz quelques biens,
ilz les nomment & appellent leurs grandz a-
mis.

La paix que les aultres peuples font fi
fouuent entre eulx, & mefmes la rompent, &
renouuellent. Les Vtopiens ne s'en foucient,
& n'en font iamais auec nation aulcunne, de
quoy fert faire paix difent ilz. Il femble que
nature ne foit affez fuffifante de mettre amitié entre les hommes, & quicóque la côtenne
il a plus de foing du côtract verbal qui fe faict
de la paix, qu'il n'a de la chofe mefme.

Et ce qui les attire à cefte fantafie la, c'eft
qu'en ces quartiers circonuoifins de eulx, les
princes ne gardét gueres fidelement leur pro
meffes, ne la paix aufsi.

Certes en Europe, & principallement es
parties q̃ la foy de noftre Seigneur Iefuchrift
& la religion poffede, la maiefté & authorité
de la paix eft fainctement & inuiolablement
obferuée, & en partie par la iuftice & bonté
des

Les vtopiés ne font ia mais paix auec les aultres na tions.

des princes chrestiens,aussi pour la reuerence
& crainǎte des papes, a qui on ne promet rien
quon ne tienne,& autant en font ilz religieu-
sement & entierement,& commandent a to⁹
princes quilz demeurent constant² en toutes
leurs promisses,& ceulx qui y contreuiennent
les contraignent par censures.&a iuste droiǎt
i'z pensent que ce soit chose deshonnette,si la
foy deffault commun à ceulx qui sont en leur
r.om appellez fideles.

✳ Mais en ceste nouuelle rondeur terrestre,
c'estascauoir ꝯ̃res des Vtopiens,que la ligne
de lequiuocke separe a grand peine si loing,
de cestuy nostre pays,que la vie & les moeurs
different,il n'y a point d'asseurance à la paix &
d'autant plus qu'elle est estrainǎte & confor-
mée de plusieurs sainǎtes cerimonies ,d'autāt
plus legierement elle rompt,pource que faci
lement se creuue aux contraǎtz & appoinǎte
ment² quelque parole de finesse & tromperie,qui y est inserée & dictee tout de gré par
cautelle, en sorte que lesdiǎtz conttraǎtz ne
peuuent estre estrainǎtz de si fermes obligations,qu'il n'eschappe quelque mot,qui soit
cause a la fin de la deception & mocquerie de
la paix,ensemble de la promesse & foy.

✳ Et si ceulx qui sont auec ses princes qui se
glorifient auoit eulx mesmes,esté inuentifz
de ce conseil,trouuoient ceste ruze fraude &
deception aux contraǎtz & apoinǎtement²,
des personnes princes,ilz crirolent apres eulx *princes,*
par *prices.*

par vne fieré & grande arrogance,& diroſét
que ce feroit vray facrilege ; & choſe digne
deſtre punie,au gibet,dont il aduient que iuſti
ce ne femble eſtre aultre choſe qu'vne vertu
vulgaire, triuale & de petite eſtophe, qui eſt
plantée & aſſize tout au bas du Throne royal
ou a tout le moins quil ſoient deux iuſtices,
lyne allant à pied & ioygnant de la terre apar
tenant au peuple,qui ſoit enchainée de tous
coſtez de pluſieurs chaines de crainſte quelle
ne ſe iecte hors de lenclos ou elle habite.Laul
tre eſt la iuſtice des princes,qui d'autant quel
le eſt plus magnificque & ſumptueuſe que la
iuſtice du peuple,dautant eſt elle plus libre &
franche,à la quelle neſt rien illicite, ſi non ce
quil ne luy plaiſt point.

℄ Ie croy que ceſté maniere de viure des princes ſuſdict,qui gardét tant mal la paix,eſt cau
ſe que les Vtopiens nen veulent point faire,
& ſilz viuoient en ce pais icy,poſſible change
roient ilz leur opinion Iacoit ce quil ſemble
aux ſuſdictz princes,que la paix en ce poinſt
ſoit bien gardée,non obſtant ceſte couſtume
mauuaiſe dainſi confermer ladiſte paix aprins
acroiſſance en le pays, par laquelle eſt faiſt
que les hommes penſent eſtre nez.Pour eſti
ennemis lvn à lautre,& que iuſtemét ſe peuét
entreruire ſi la paix ne le defend,(quaſi com
me ſi lalliance de nature ne fuſt vaillable aſſez
de ioingdre & allier vn peuple auec vn aultre
peuple,quvne coſté ou vn ruiſſeau ſepare par
                                    petite

petite diftãce de lieux)or quãd la paix eft ainfi
faicte & confermée comme iay dict,cè neah-
moins lamitie entre eulx non eft point pluscõ
ualidée ne corroborée,ains demeure vne licé-
ce de courir les terres les vnz des aultres,en
tant que tout a efcient en faifant leurs , contractz des paix,font parolles comprinfes aufdictz accordz cauteleufement & malicieufe-
ment,qui nempefchent quilz ne foient ennemis comme filz nauoient faict aulcun traicté
de paix,Les Vtopiens au contraire font, doppinion,quon ne doibt eftimer homme fon ennemy,qui na faict tort ou iniure,& que lalian-
ce de nature entre les hommes doibt tenir
le lieu de paix,& quil eft trop meilleur &
plus vaillable eftre conioinct par bien
veilláce,que par promeffes & apoin
ctement,& eftre vny & con
feré de coeur,que de
parolles.

                              De

¶ De la maniere de guerroier
des Vtopiens.

LES VTOPIENS
deteſtent & ont horreur la
guerre comme vne choſe
brutale, laquelle toutefois en
tre nulles beſtes n'eſt tant en
vſaige comme entre les hor-
mes, & ne ſont pas grand'eſtime de la gloire
qu'on va cherchant en faict d'armes, qui eſt
contre la mode preſque de toutes nations.
✱ Et iacoit ce que aſſiduellement non ſeulement les hommes, mais auſſi les femmes a
quelques

quelques iours determinez s'exercent audict
meftier, de crainéte qu'iz ne deuelnnes rudes
& mal adextre, quand l'uf aige le requiert, tou
tefois communement.

☞ N'entreprennent bataille, fi ce n'eft pour
defendre & garder leur terre & limites, ou
pour repoufler les ennemis refpanduz parmy
les champs de leurs amyz & alliez, ou par co
paffion deliurer quelque peuple oppreffe de
tyrannie, de la feruitude & ioug d'vn tyrant,
ce quilz font de tout leur pouoir par humani
té & clemence.

☞ Combien qu'ilz facent plaifir de leur aide,
& non pas, pour eulx defendre touflours mais
aulcunnefois pour rendre & faire la vengean
ce du tort faict à leurs amis.

✳ Mais fçauez vous comme ilz font cela, cer
tes ilz le fond quand on va par deuers eulx à
confeil, & que la chofe eft encore entiere, &
f'ilz font d'oppinion quon doibue faire la guer
re, & approuuent la chofe, quand on a deman
dé ce quon querelle, & laduerfe partie nen
veult faire reftitution, allors eulx mefmes e
ftabliffent & conftituent la guerre eftre me
née, & non feulement toutes les fois que les
ennemis ont faict courfes & ribleries & em
porté quelque butin, mais encore plus cruel
lement quand en quelque lieu on a faict inu
re aux marchantz de leurs dictz amiz foubz
couuerture de loix inicques, ou quilz ont efté
ttompez foubz couleur de iuftice par mauuai
                                        fe

se imterpretation,& siniſtre deſguiſement des
bonnes ordonnances. Iamais leſdictz Vto
piens n'entreprindrent faire la guerre contre
les Alaopolites à la faueur des Nephologe-
tes)qui fut faicte vn peu auant noſtre temps)
ſi non pour ce que les alaopolites ſoubz vmbre d'æquite & droict ouoient faict outraige
aux marchantz,des Nephelogetes ainſi quil
leur ſembloit.

Or fuſt a droict ou à tort l'iniuſtice fut
punie par ſi cruel conflict,que toutes les deux
nations qui eſtoient treflorisſantes en ſouffri-
rent groſſe perte,ſi que les Nephelogétes furent grandement indommaigez,& les Alaopolites deffaictz &' vaincus,puis la reddition
& ſeruitude deſdict Alaopolites termina beaucoup de maulx qui ſourdoient de iour en
iour,& ſi multiplioient l'vn de l'autre. Par la
quelle reddition & ſeruitude leſdictz Alaopo
lites tunberent en la ſubiection de Nephelogetes,qui n'eſtoient à comparer en cas d'opu-
lêces & richeſſes aux Alaopolites.

*Or a ceſte iournée n'eſtoient aſſemblée ſeu-
lemēt les puiſſances de ces deux peuples,ainſ
auſſi l'inimitie,les effortz,& les biēs des nation circonuoiſins.

Voila comme les Vtopiens pourſuiuent
aſprement l'iniure faicte à leurs amys,pour
argent & pecune,& ne ſe vengent pas ainſi
du tort qui leur eſt faict à eulx meſmes.

Si daduenture il aduient quilz ſoyent
deceuz

d'ceuz en perdant de leurs biens, moyennent
quon ne face point deffort & violence à leur
corps, ilz ne ſe monſtrent point aultrement
ennemys, ſi non quilz ne veulent frequenter
ne traphicqr auec leurſdictz ennemis, iuſques
à ce quilz ayent ſatiffaict.

¶ Non quilz ne ſoiét auſſi ſoigneux de leurs
citoiens, comme de leurs confederez, mais
ilz ſont plus mal contentz quon tould ſe
bien d'iceulx alliez, que le leur propre, pour
ce que les marchantz de leurs amis quand
¶ Quand ilz perdent quelque choſe, c'eſt de
leur argent ou bien particulier, & pourtant
en reçepuent ilz plus de dommaige.

✻ Mais leurs citoiens ſilz perdent quelque
choſe, tous participent à la parte, car c'eſt du
bien publicq, puis de ce quilz ont en abondance chez eulx, c'eſt comme vne choſe ſuperflue, & qui aultrement ne ſe tranſporte dehors du pays, par quoy ſil en aduient detri-
mét, aſme deulx ne ſen ſent: pourtant ſont d'o-
pinion que ce ſeroit trop grande inhumanité
de venger tel dommaige par la mort de
pluſieurs, duquel perſonne dentre eulx n'en
apercoit l'incommodite, ou en ſon boire &
menger, ou à l'entretenement de ſon corps &
ſa vie.

¶ Quand au reſte ſi aulcun d'iceulx eſt
en quelque contrée blecé, ou mis à mort
ſoit par conſeil publicq, ou particulier, la
　　　　　　　　　　　　　　　　choſe

chose cougnue & aueréé par leurs ambassadeurs, iamais on ne les appaise qu'il : ne denon
cent la guerre, si les coupables nè leur sont ré
duz lesquelz ilz punissent de mort ou seruitu
de victoires acquises par saug, leur faschent, &
mesmes en ont honte, estimant estre vne be-
stetie dachapter trop vne marchandise, combien quelle soit precieuse.

Ilz se glorifient & resiouissent grandement
quand leurs ennemys opprimez, sont vaincuz
par fraude & finesse, & en triumphent public
quement pour ceste chose, dauantaige pen-
dent les despouilles desdictz ennemis en quel
que lieu eminent, comme si ce fust vne grand
promesse d'auoir ainsi vaincu.

* Finalement se vantent d'auoir faict acte ver
tueux & bellicqueux, toutesfois quen ce
poinct ont acquis la victoire, cestascauoir
par force desperit & subtilite, ce qu'vne aultre
beste ne peult faire, fors lhomme.

* Certes disent ilz, les ours, Lyons, sengliers
Loups, chiens & aultres bestes ne bataillent
si non par force corporelle, entre lesquelles
ainsi que maintesnous surmontent de puissan
ce & cruaulté, aussi nous les surmontons toutes desprit & raison.

* En leurs guerres ilz ont esgard à vne chose, cest quilz se contentent quand ilz obtién
le cas dequoy ilz querellét, lequel sil leur eust
esté octroyé des le commencement, neussent
faict la guerre.

Mais

¶ Mais fi la chofe va aultrement ilz appetēt
fi feuere vengeance de ceulx à qui ilz impu-
tent le faict, que la terreur pour l'aduenir les
deftourner de s'enhardir à faire le femblable.
¶ Voila le but qu'ilz eftabliffent de leur volunté, lequel toutefois ilz viennent a toucher
auec prudence & maturité & quand il en eft
temps.

✳ En forte qu'ilz font bien plus foigneux d'e-
uiter fil eft poffible l'aduenture & peril, de
guerre, que d'acquerir bruit & louenge par
icelle.

¶ Doncques incontinent que la guerre eft
denoncée, font de petitz efcriptz, ou fcedules,
lefquelles ilz fignent de leur feing publicq, &
les font pendre fecretement fur la terre de
leurs ennemis, en quelques lieux emineulx,
tout en un temps, par lefquelles ilz promet-
tent grands falaires à ceulx qui occiront le
prince ennemy, puis font promeffe auffi de
donner loyer (non pas fi grand, mais toutefois opulent & magnificque) à ceulx qui en feront autant aux perfonnaiges defquelz les
noms font fpecifiez en ces mefmes fchedu-
les, lefdictz perfonnaiges condemnez par eulx
à mort, & font ceulx qui apres le prince ont
efté inuenteurs du confeil prins contre eulx
pour faire la guerre.

¶ Tout ce qu'ilz ont determiné de donner
aux meurtriers fufdict, ilz le doubtent quand
on leur amene un defdictz perfonnaiges pref-

L   cript z

criptz en vie. Et mefmes fi ceulxqui font prof
criptz & côdânez veulét faire le femblable en
uers leurs compaignons, ilz ont le loyer que
i'ay allegué, & leur remet on la paine qui leur
eftoit deputée par quoy il ce faict de legier,
qué ledict prince & auffi lefdictz profcriptz
ayent diffidence de tons les aultres, & mefmes ne fe fient pas l'vn à l'autre, & ne font
gueres affeurez, & font en grand' crainéte, &
non en moindre peril.

✳Il eft tout clair que fouuentefois par cela eft
aduenu, que la plus gande partie, & mefme le
prince ont efté trahyz de ceulx á qui ilz fe
fioient, totalement.

✳Voila comment les dons & prefentz con-
ftraignent & pouffent à tout mal, ceulx qui
font, auaritieux & qui n'ont iamais fuffifance.

✳Les Vtopiens recordantz en quel danger
iceulx dons admonneftent les hommes de fo
metre, metent peine que la grandeur du peril
foit recompenfée, par magnitude & abondan
ce de biens, pourtant prometent ilz non feule
ment gros mouceau d'or, ains terres & lieux
de grâd reuenu, en endroictz feurs chez leurs
amyz, lefquelz ilz affignent comme leur propre & a iamais, a ceulx qui font telz actes, &
leur tiennent promeffe fidelement & entiere.

✳Les Vtopiens feftiment acquerir grand
honneur, comme gens prudentz & difcretz,
par cefte mode de metre a pris & achapter fo
ennemy, que les aultres nations blafment &
reprouuent

réprouuent,cômc fi ce fuft le faict d'vn cœur
cruel & degenerant d'humanité, alleguent
pour leurs raifons lefdictz Vtopiens,quen ce
poinct fe prennent & exemptent de groffes
guerres,fans coup ferir,& qu'ilz font humains
& mifericordieux, pour ce quilz rachaptent
la vie de grande quantité d'innocentz par la
mort de peu de coupables, lefquelz innocent
euffent efté tuez en bataillant,tant de leur co
fte comme de la part de leurs ennemis.
✳ Certes ilz ont quafi auffi grande pitié du
commun peuple & tourbe ennemie comme
de leur,fcachantz que de leur gré ilz n'entre
prennent la guerre ains y font conftrainctz
par la furie des princes.
✳ Or fi la chofe que iay deuant dicte ne viet
ainfi,ilz treuuent le moyen de femer quelque
difcorde entre le frere du prince(fil en a)& le
dict prince,ou entre luy & aulcun gros fei
gneur de fa court,luy donnant efperance de
iouir quelquefois du royaulme.
✳ Si telles fortes de lignes & factions ne fe
peuuent faire au royaulme,ilz fufcitet a leurs
ennemis le peuple voifin,& les mettent en dif
ferent, faifant venir quelque viel tiltre, ou
droit de quelques terres a lumiere, dé quoy
les rois ne font iamais deffans. Dauataige leur
pmettet aide de leurs biéspour mener laguer
re,& leur eflargiffent abodàmét or & argeté
pour ce faire. quad eft de leur citoiés le moins
qlz peuuét les hafardét auxcôflictz, lefquelz

ilz cheriſſent & aymãt tant, & meſmes iceulx
preſent tant l'vn l'autre, quilz ne voudroient
voluntiers changer & permuter l'vn d'entre
eulx, pour vn prince ennemy.

Et pour ce que tout l'or & l'argent qu'ilz
ont emploie ſeulement à luſaige de la guer
re, ilz ne le diſtribuent pas enuis, ny à regret
cal ſil eſtoit tout depēdu à c'eſt affaire, ilz
ne laiſſeroient à graſſement vint comme ilz
ont de couſtume.

Auſſi oultre leurs richeſſes domeſticques,
ilz ont vn threſor infini hors de leur pays, au
quel ſont obligez comme iay dict deuant,
pluſieurs nations, ainſi entretiennent de cela
de tous coſtez gens de guerre qui ſont à leur
ſoulde, & les enuoient aux conflictz quand bͤ
ſoing en eſt & principalement les Zapole-
tes.

Ce peuple eſt loing d'Vtopie deux centz
cinquante lieues, vers ſoleil leuant, vne natiõ
mal en ordre, mal dreſſée, & mal ornée quand
au corps & habitz, agreſte, cruelle, tenant de
la nature des foreſtz & aſpres montaignes ou
ilz ſont nourriz, vne gēt dure, patiente au froit
& trauail, ignorante de tous plaiſirs & voluptez, ne ſaplicquēt au labouraige, nonchalantͤ
dedifices & veſtementz ayant ſeulement le
ſoing des beſteaulx, & pour la plus graud' par
tie viuant de venaiſon, & choſes deiro-
bées.

Ces gens la ſont ſeulement nez à la
guerre

Suiſſes

guerre,cherchantz tous les moiens de guerroier,& depuis quilz les ont trouuez,ilz leſpre
nene conuoiteuſement, puis partent de leur
pais en groſſe trouppe,ſoffrent pour bien petit : gaiges,à tous ceux qui les demandent ,ilz
ſcauent ſeulement le meſtier,de quoy on acquiert la mort,ilz bataillent vertueuſement
vaillamment &fidelement pour ceulx qui les
gaignent,mais ilz ne ſobligent a nul certain
iour,ilz ſe viennent rendre a vn party ſoubz
ceſte condition,que ſi le iour dapres l'aduerſe
partie leur donne plus gros gaiges ilz y de-
meureront.

✻ Et ſi le iour enſuiuāt les premiers quilz ōt
ſeruiz,leur offrent dauantaige,ilz retournent
ſoubz leur ſoulde.

✻On ne faiƈt gueres de guerres, que la plus
grande partie diceulx ne ſoit en lun & laultre
exercite:parquoy aduient de iour en iour que
ceulx meſmes qui ſont de parentaige & affins
qui eſtoient gaigez enſemble,& ſuiuoient vn
party,& viuoient familierement & amiables
met les vnz auec les aultres, vn peu apres ti-
rés & ſeparés en diuers oſtz,guerreient mor-
tellement lvn contre lautre,& dvn couraige
malueillent oublieux de leur race & amitié
ſentretient.Non eſmeuz & incitez,pour aultre cauſe à ſentredommaiger & nuire, ſi non
quilz ſont pour bien petit dargent faiƈtz ſou-
dardz de diuerces prices,auſqlz argēt ilz mettent ſi fort leur phantaſie,que ſi treuuent qui
L iii　　　leur

leur dône vne piece oultre leurs gaiges quilz
recoipuét pour iour, facilement ilz feront in-
ftuictz a changer de partye.

✶ Ainfi legierement font ilz abreuez dauarice,qui ne leur profifte toutefois en rien.

✶ Certes ce quilz acquierent par fang,ilz le
confument & diffipent foudain,en fuperfluite
& exces miferable.

✶ Ce peuple icy mene la guerre pour les Vto
piens contre tous venantz,pour ce quilz font
mieulx gaigez defdictz Vtopiés que de metz
aultres. Ainfi que les Vtopiens s'accommuni-
qent de gens de bien defquelz ilz vfent, auffi
fallient ilz de mauuais guarnement de quoy
ilz abufent. Lefdictz quand il en eft téps, font
par eulx expofez aux hazardz & grands dangers,par l'impulfion & atraictz de magnificques promeffes,dont fouuent la plus grand
partie diceulx mefchantz aduenturiers,ne re-
uiénét de la guerre,pour demáder ce qui leur
eftoit promis, A ceulx qui demeurent viuantz
ilz leurs tiennent promeffe fidelement & entierement, affin quilz les enflamment pour
laduenir a femblables entreprinfes & hardief
fes. Ilz nechault pas beaucoup aux Vtopiens
filz perdent gros nombre defdictz Zopolétes
confiderantz quilz feroient grand plaifir au
genre humain,filz pouoient nettoier & pur-
ger le monde de tout ceft amas de peuple tát
mauuais & deteftable.

                              Apres

¶ Apres cefdictes bendes d'aduenturies, les
Vtopiens vfent des cõpaignies de ceulx pour
quaulcunefois ilz prennent les armes pour
les defendre, puis faident de la gendarmerie
de leurs amis & confederes, finablement ilz
y adiouftent leurs citoyens, dentre lefquelz il
eflifent vn homme de guerre efprouué quilz
conftituent chef de toute larmée, auquel ilz
fubftituent deux lieutenant, mais ce pendant
que ledict capitaine & columnal eft faing &
entier, les deux aultres nõt nulle charge, mais
fil eft prins ou tué, lvn des deux lieutenant luy
fuccede comme par droict hereditaire, puys
a lautre lieutenant eft adioinct vn tiers
affin que fi daduenture le capitaine periffoit,
tont lexercice ne fuft trouble &, mis en roub
te, (comme le fort de guerre eft variable) de
chacune cité on eflit vn de leurs foudartz
qui fexercite au train de la guerre pour ces
fins que iay icy deuant dictes.

✻ Iamais on ne pouffe aux armes, pour guer
roier dehors, vn perfonnaige maugré quil en
ait.

¶ Pour ce quilz font biẽ auertiz & affeurez
que fi aulcun de fa nature eft craintif, il ne fe
ra ri en de promeffe, mais qui pis eft donnera
craincte a fes compaignons.

¶ Mais fil eft queftion, que quelque
bataille furuienne en leur pays, ilz
mettent telles manieres de gens lafches &

                         L iiii   couartz

couartz(moyennant,quilz foient fains)dens
les nauires, parmy les hardſ & cheualereux
ou ilz les placent ça & la fus les murailles, en
quelque lieu ou ilz ne puiffent fuir,ainfi la hô
te quilz auroient de tumber entre les mains
de leurs ennemis, & le defefpoir de fuire,
oftent la crainête, & fouuent lextreme ne-
ceftite fe conuertit en prouefle & magnani-
mité.

꜊ Et tout ainfi que nul deulx neſt mené à la
guerre oultre fon vouloir,auffi on ne defend
point aux femmes dy aller fellesveulent com
paigner leurs maris.

✳ Mais qui plus eſt y font admoneftées & inci
tées par louenges

✳ Et quand elles fy treuuent font rengées ioy
gnâtes de leurfdiêtz maris,& tout a lentour
font mis leurs enfantz,leurs parentz & leurs
affins ,affin que mieulx puiflent fecourir les
vnz les aultres.

✳ Et dauantaige nature les efmeut plus a fen
tre ayder , que filz neftoient de parental-
ge.

✳ Ce leur eſt vn grand virupere & efclandre
quand lhomme reuient de la guerre fans fa
femme,ou la femme fans lhomme.

✳ Ou quand le filz retourne apres auoir
perdu fon pere dont il fe faiêt que ceulx
qui ont encouru tel reproche ,filz viennent
entre les mains des Vtopiens ilz font iugez
a eftre

à eſtre longuement auec triſteſſe & ennui â la
guerre iuſques a la mort, moyennant que les
ennemis perſeuerent a guerroier. Tout ainſi
comme lur toutes fins ilz ſont ſongneux d'e-
niter que ilz ne bataillent eulx meſmes, ſe ilz
peuuent eſtre exemptz de ſi trouuer, & mect-
tre à lieu quelques ſouldoyers, pareillement
quand il ne ſe peult faire aultrément, qu'il ne
faille qu'ilz ne ſoyent preſentz au conflict. ilz
l'entreprennent auſſi hardiment, comme ilz
ont prudentement refuſé, autant qu'il leur à
eſté licite, & ne ſ'eſchauffent poinct tant de la
premiere impetuoſité, qu'ilz ſ'en affoibliſſent
par traict du temps, ains perſiſtent, & par con
tinuation ſ'enforcent petit à petit, & ont le
courage ſi ferme qu'on les tueroit plus toſt
que de leur faire tourner le dos.

¶　Certes ceſte aſſeurance de viures qu'vn
chaſcun à en ſa maiſon, & le nonchaloir de pē
ſer pour l'aduenir de leurs poſterieurs(qui eſt
vn ſoulcy qui debilite en tous lieux les coeurs
magnanimes les eſleue, & ne ſe laiſſent pour
ceſte cauſe ſuccomber.

¶　D'aduantage le ſcauoir qu'ilz ont aux ar
mes leur donne confiance. Finalement les
bons propos, & droicturieres opinions par leſ
quelles ilz ſont des leur ieuneſſe inſtruictz aux
bonnes ordonnáces de leur republicque, leur
adiouſtent vertu & proueſſe: par laquelle ilz
ne meſpriſent pas tát leur vie, quilz la voiſét
expoſer aux dangers follement, auſſi ne la tié
ſ　　　　　　　　　　　　nent

nent ilz poinct ſi chére, que quád honneſteté
les induict a la mettre en peril,quilz la vueil-
lent retenir auaritiuſement & honteuſement.

℃ Quand ilz ſont en la grand chaleur de conflict & au fort de l a guerre,vne béde des plus
cheualeureux iouuenceaux qui ont coniure a
la mort du capitaine aduerſaire,& qui ſont de
liberez de viure ou mourir en ce deſtroict,
vont par les rencz cherchant ledict capitaine l'inuadent en apert,ou l'aſſaillent par fineſ
ſe & ruſe,& pres & loing ne demandét aultre.
Finalement par ladicte compaignie qui eſt
grande,& touſiours perſiſtente (quand aulcuns ſont laſſez on en met inceſſamment de
frais a leur lieu) ledict chef eſt oppugne , ſi
qu'il aduient bien à tard qu'il ne ſoit occis, ou
qu'il ne vienne vif en la puiſſance de ſes enne
mis,ſil ne ſe ſaulue à la fuite.

Si la victoire eſt pour eulx , ilz n'y vont
point par meurtre,ilz prennent plus voluntai
rement les ſuiants a mercy,qu'ilz ne les tuent
& ne les pourſuiuent iamais , que ce pendant
ilz ne reuiennent vne compaignie de leur géſ
darmerie en ordre & equipage chaſcū ſoubz
ſon enſeigne auſsi permettent plus toſt que
tous leurs ennemis ſe retirét,qu'ilz ſ'accouſtu
ment a ſuiuir leſdictz ſuiantz(qui ſeroit pour
troubler & mettre en deſordre leur exercite)
ſilz n'ont la victoire de l'arrieregarde , poſé
qu'ilz ayent mis en roupte l'auantgarde & la
bataille:

bataille: ayant fouuenance que maintesfoy's
leur eft aduenu qu'apres que la plus grãd part
de tout leur exercice eftoit rõpue & fuccõbée
comme leurs ennemis fe refiouiffoient de la
victoire, & pourfuiuoient lés fuiantz deca &
dela:lors vn petit nõbre defdict Vtopiens qui
auoit efté mis a part pour dõner fecous fi me
ftier eftoit de leur gefdarmerie,& pour enten
dre aux aduétures & accidétz qui pourrõient
s'offrir,voyantz lefdictz ennemis yagantz, dif
pars & refpandus en mains endroictz , fe te-
nantz trop affeurez,foudain les vindrét affail
lir,& chãgerent la fortune de tout le conflict,
fi que lefdictz Vtopiens tirerent des mains de
leurs ennemis la victoire , qui eftoit aufdictz
ennemis indubitable & certaine, finalement
les vaincuz furmõterent les vaincqueurs leur
foys,il n'eft pas aifé de fcauoir cõniecturer fi
lefdictz Vtopiens font plus caulx & fubtilz à
dreffer rufes & fineffes à leurs ennemis , qu'à
euiter icelles tromperies,ilz font femblãt aul
cunnesfoys de vouloir tourner le dos mais
ilz penfent de l'oppofite,& quand ilz fe veulent retirer,leur ennemis eftimeront du contraire.

*   Or filz fe fentent preffez de lieu , ou du
trop grand nombre de leurs aduers, ãdonc
vne belle nuict , fans faire bruict remuent
leur camp, ou iouent de quelque aultre ru-
fe,& filz fe veulent retirer de iour petit à petit reculent , en gardant fi tresbon ordre
                                        que

que leurs ennemis ne font moins en peril de
les affaillir ainfi fuiantz, que f'ilz tenoient bô,
ilz muniffent leur camp trefdiligemment de
foffez larges & profonds, & iectent la terre de
dans leurdict camp tout le long des foffez , &
en cela ilz n'ont de manouuriers ou pionniers
aultres que leurs fouldartz, tous y befongnêt
fors ceulx qui fout en armes fur les rampartz
faifantz le guet, de craicte des efcarmouches
& foubdains alarmes , doncques à raifon que
tant de gêdarmes f'efforcent de fortifier leur
dict câp, plus legieremêt quon ne fcaroit croi
re ilz dreffent de grâdes munitiôs, q' circuiffêt
& contiennent grande efpace de lieu , pour
recepuoir & fouftenir les coups, ilz fôt armez
d'armures fortes & puiffantes, qui ne fôt pefâ
Les fortes tes, n'y empefchantes a fe mouuôir & volti,
des armu- ger, fi qu'en nageant mefmes ne les griefuêt.
resdequoy En leurs exercices & apprentiffages du faict
vfent les de la guerre, ilz f'accouftument a nager tous
Vtopiens. armez . Les baftons dequoy ilz bataillent de
loing, font flefches & faiettes, lefquelles ilz ti
rent puiffamment, & fort droict, non feulemêt
à pied , ains auffi a cheual, pour guerrôier de
pres, ilz n'ufent d'efpées, mais d'une forte de
haches qui font aguées & pefantes , & n'en
frappent d'eftoc ou de taille qu'ilz ne tuent .
⁊ Ilz inuentent induftrieufement aulcun-
nes machines bellicques & artilleries, & quâd
elles font faictes ilz les celent fongneufement
de craicte que leurs ennemis n'en oyent le
                                    vent

vent, car c'elles estoient manifestées deuant
qu'on vint à la guerre, la chose leur pourroit
plus tost tourner à mocquerie, qu'a leur proffit, En les forgeant sur toutes choses ilz prennent garde qu'elles soient faciles à mener &
à ramener.

☞ Ilz gardent tant entierement & inuiolablement les trefues données auec leurs ennemis, qne si sur ses entrefaictes ilz sont prouoc
qué a guerre, ilz ne les veulent rompre.

☞ Ilz ne pillent ne ne gastent les terres de
leursdictz ennemis.

☞ Ilz ne bruslent pareillement les grains
mais qui plus est autant qu'il leur est possible
ilz mettent ordre que lesdictz grains ne soyét
foulez & marchez des piedz des hommes &
des cheuaulx, pésantz que la chose croist pour
leur vsage.

✳ Ilz n'offensent iamais ne ne blecent vng
homme desarmé, si ce n'est quelque espion,
les villes qui se rendent à eux, il les gardent
mesmes celles qu'ilz ont prinses par assault,
ne les saccagent, mais ilz font mourir ceulx
qui ont empesché la redditió d'icelles, & met
tent les aultres defenseurs à seruitude, ilz ne
touchent à ceulx qui ne se peuuent defendre,
silz treuuuent aulcuns qui ayent donné conseil de rendre lesdictes villes, ilz leur donnent
quelque portion des biens de ceulx qu'ilz ont
condamnez à mourir le reste ilz l'essargissent
aux gendarmes qui sont venuz a leur secours.
                                        Nul

Côme ilz
gardent
les trefues

Nul deulx n'amende du butin. Quand la guerre est finée, leur confederez pour qui ilz ont bataille ne portent pas les frais, mais les vaincuz, & leur font payer à ceste cause, vne partie en argent qu'ilz reseruent pour semblable affaire de guerre, l'aultre partie en terres qui leur demeurent touſiours, & qui ne ſont de petit reuenu.

Ilz ont maintenant en pluſieurs nations telles ſortes de rentes, leſquelles procedées petit à petit de diuers affaires ſe ſont montées a plus de cinq centz mile ducatz tous les ans.

Et ſur ces terres la ilz enuoyent quelqu'vnz d'entre eulx demourer, qui ſont comme recepueurs, viuantz magnificquement, & ſe monſtrent gros ſeigneurs en ces lieux.

Apres que leſdictz recepueurs ſont eulx & leur train entretenuz dudict reuenu, il demeure encore gros deniers qu'ilz mettent en leur theſor publicque, ſi d'aduenture ilz ne les ayment mieulx preſter & accroire au peuple de ce pays.

Ce que ilz font aulcunnesfoys, & les deliurent iuſques a ce que ilz en ayent affaire, & encore a grand peine aduient il iamais que ilz redemandent le tout.

De ces terres la il en aſſignent vne portion à ceulx qui ſe mettent par leur enhortement au danger que ie ay declaré cy deuant.

(marginal note:) Pour le iourd'huy les vaincueurs portét la plus grand partie des frais.

C Si

℃ Si quelque roy, ou prince prend les armes,
& si se appareille de inuader leur tenemeut
soudain auec groffe puiffance hors de leurs limites vont au deuant, fouuent n'entreprennent de faire la guerre fur leurs terres, & ne
leur aduient pas fi grande neceffité,
que elle les contraigne de récep-
uoir en leur ifle le fecours de
aulcunne nation e-
ftrangie-
re.

Du cultiuement

Du cultiuement, maniere de adorer, religion & creance des Vtopiens.

EVR RELIGION
& maniere d'adorer n'eſt ſeulement differente par toute l'iſle, ains par toutes les villes, les vnz adorent le ſoleil, les aultres la luue, & les aultres quelq̃ aultre eſtoille ou planette au lieu de dieu, aulcũs y a qui priſent & honorĕt & tiĕnent non ſeulement pour dieu, mais pour leur ſouuerain dieu quelque perſonnage , duquel
la vertu

la vertu & la gloire au temps paffé á refplen-
dì & efté en bruit;mais bien la plus grand par
tie,& la plus fage d'entre eulx ne croit rien de
tout cela, mais penfe qu'il eft quelque feule
deité a eulx incongneue,qui eft eternelle,im-
menfe,inexplicable, & qu'humaine penfée ne
peult comprendre, refpandue par ce monde
vniuerfel,non en fa magnitude,mais en la ver
tu qu'ilz appellent pere.

Ilz confeffent que toutes chofes prennent de luy leur commencement, accroiffan-
ce,moyen,continuation,changement, alter-
nation & fin,& ne font les honneurs qui apar-
tiénent à dieu,à nul aultre.Et iacoït que tous
les aultres ayent vne creánce diuerfe & differente,ce neantmoins conuiennent auec ceulx
cy en ce poinct; C'eftafcauoir qu'ilz font d'o-
pinion qu'il eft vn fouuerain feigneur,auquel
on doibt attribuer louange, & la prouidence
du monde & fon vniuerfité, & tous l'appellét
communéement en langaige du país Mythra,
mais ilz font difcordantz en ce, car ceux qui
adorent le Soleil difent que ce eft luy qui eft
dieu,Ceulx qui adorent la Lune en difent autant & ainfi confequemment des aultres.

Brief vn chafcun de ces fectes differentes
la croit, que quelque chofe que ce foit,qu'il
eftime eftre le fouuerain,c'eft cefte mefme na
ture,à la deité & maiefté vnicque de laquelle
eft totallement attribué par le confentement
& accord vnanime,la fouuerainneté de toutes

M   chofes

chofes. Or maintenant tous les Vtopiens fe
reueltent petit à petit de cefte varieté des fuperftitions, & s'enforcent & conualident en
cefte religion feule, qui femble furmonter les
aultres par raifon.

¶ Et n'ya point de doubte que toutes telles fuperftitions ne fuffent defia euanouies &
abolies fi crainc̈te n'euft donné a entendre auf
dic̈tz Vtopiens quand il aduient quelque in-
fortune en prenant confeil de changer leur
religion, que ladicte infelicité ne vient pas de
aduenture, mais procede du ciel, comme fi
dieu vouloit prendre la vengeãce d'eulx pour
leur infidele entreprinfe de vouloit delaiffer
le cultiuement acouftumé, que leurs maieurs
auoient continué iufques à leur temps.

¶ Apres que ilz ont fceu de nous, & ouy
parler de noftre feigneur Iefuchrift, de fa do-
c̈trine, de fes meurs, & miracles, & auffi de la
merueilleufe conftance de tant de mattirs dequoy nous faifons mention, qui par leur fang
voluntairement refpandu on traduic̈t & attiré à leur fec̈te fi grand nombre de nations on
ne fçaroit croire comme ilz fe font conde-
fcenduz & rengez à ladic̈te fec̈te chreftien-
ne de grande affection, ce qui eft aduenu poffible par infpiration de dieu fecrette, ou pource qu'il leur a femble que noftre dic̈te fec̈te
fuft fort approchante de celle qui eft chez
eulx la meilleure.

¶ Et cela ya beaucoup aydé comme ie
croy,

eroy, de ce qu'ilz auoient entendu que c'estoit
le vouloir de Iesuchrist que ses disciples & a-
postres vescquissent en commun, & que aux
religions chrestiennes & conuentz vrayement gardantz leur reigle telle coustume du-
roit encore, en quelque sorte que cela soit aduenu, plusieurs d'entre eulx se sont aliez en no
stre religion, & sont baptizés.

Mais pource que de quatre compaignons
que nous estions nul n'estoit prestre dont ie
suis marri, nous ne leur pouions conferer les
sacrementz bien est il vray que nous auiôs les
aultres ordres, de tout le nombre que nous e-
stions il n'y auoit que nous quatre viuâtz, deux
s'estoient laissé mourir.

Certes lesdictz Vtopiens desirent encor
les sacremêtz que nul chez nous s'il n'est prestre ne peut conferer, ilz les entendent, & les
desirent plus que nulle aultre chose, mesmes
soigneusement disputent entre eux, ascauoir
mon si sans l'entremise d'vn euesque chrestiê
quelqu'vn de leur nôbre esleu pour estre prestre, acquiert le charactere de prestrise, ilz sem
bloit quilz en voulsissent eslire, mais quand ie
party ilz n'auoient encore esleu, ilz ne menas-
sent ne ne donnent aulcun terreur à ceulx qui
ne veulent croire à Iesuschrist aussi ne repu-
gnêt ilz point a ceulx qui sont duictz & dres-
sez à sa loy. fors que i'en vey quelq iour vn de
nostre alliâce q fut mis en prison en ma presen
ce, or côme cestui estoit nouuellemêt baptizé

M ii &

& comme oultre noſtre conſeil il tenoit propos plus par affection que par prudence publicquement du cultiuement de iuſuſchriſt, il
commença à ſe colerer & eſchauffer en ſorte
qu'il ne preferoit ſeulement noz cerimonies
& ſacrifices à tous aultres, ains blaſmoit vni-
uerſellement les aultres, comme choſes pro-
phanes, & diſoit que les cultiueurs & ſacrifica
teurs eſtoient infideles & lacrileges, & qu'ilz
ſeroient punis en enfer de feu eternel, Apres
auoir long temps preſché & publié telles cho
ſes ilz le prennent, l'accuſent & condamnent
non pas pour auoir contemné leur religion,
mais pour ce qu'il auoit excité le peuple à tumulte, conſequemment l'enuoyerent en exil.
Certes entre leurs plus vieilles ordonnances
ceſte cy y eſt nombré & comprinſe, c'eſt aſca-
uoir que leur religion ne deroque, & ne face
tort à nulle aultre. Deuant que leur roy Vto
pus vint en ceſte iſle, il conqneut que le peu
plé eſtrange qui eſtoit venu demourer en la
dicte iſle aſſiduellement auoit eſté en diſcord
& different l'un auec l'aultre touchant la religion, & conſideroit que iacoit ce que toutes
les ſectes de ladicte iſle fuſſent vnanimes à ba
tailler pour le pais,

℈ Ce neantmoins en commun eſtoient diſ
cordantz pour leur cultiuement, ce qui luy
auoit donné occaſion au commencement de
les ſurmonter, gaigner, & vaincre totallement.

Les hom-
mes doib-
uent eſtre
attirez à
religiõ par
louenge.

℈ Or

❧ Or, quant il eut la victoire fur ce peuple
Vtopien, fa principale ordonnance fut, qu'un
chacun print & enfuiuit telle religion que bõ
luy fembleroit, & que chafcunne fecte fe pouoit efforcer de tranfporter & induire les aul
tres à fa maniere d'adorer, moyennant que ce
fuft doulcement & modeftement, allegant raifons peremptoires pour le fouftien de fon cul
tiuement, & non pas pour deftruire les aultres
par force & violence, fi en leur donnant ce
confeil elles n'en vouloient entendre, en pro-
hibant d'y proceder par voye de faict, & auffi
de foy abftenir de blafmes & contemnemétz,
tellement que fi aulcun trop arrogamment
contendoit de cefte chofe, on le baniroit, ou
metroit on en feruitude, voila les ftatutz de
leur prince Vtopus, non qu'il fit cela pour l'ef
gard feulement de la paix laquelle il voioit e-
ftre anichilée & aneantie par haine implaca-
ble, & perpetuelle contention fes fubiectz a-
uoient enfemble.

❧ Mais pource que il penfoit que la chofe
concernoit la religion, d'ainfi faire fes confti-
tutions, pource que il ne ofoit diffinir rien folement de ladicte religion, comme incertain
fi Dieu appetoit eftre adoré en diuerfes fortes
infpirant a l'vn vne chofe, & à l'aultre, l'aultre.

❧ Ceftuy Vtopus eftablit auffi que ce feroit
chofe inepte & infolente de contraindre par
force & menaces aulcun au cultiuement de
Dieu, &

Dieu, & ce que l'vn croit estre vray, que a tous autant en deut sembler, pareillement de croire que si vne religion est vraye, il soit de necessité que toutes les aultres soyent faulses.

℥ Ledict roy, Vtopus prenoit que finalement a l'aduenir la verité, de soy pourroit se manifester & apparoistre, moyennant que la chose fust menée auecques raison & moderation.

✳ Mais si on y procedoit par armes & tumulte, les hommes en deuiendroient pires & plus obstinez, & suffocqneroient la tresbonne & tressaincte religion, pour leurs superstitions vaines que ilz auroient entre eulx ainsi que les bons grains perissent entre les espines & ronciers: parquoy delaissa toute la chose ainsi, sans aultrement en determiner, & que il fust libre à vn chascun d'en croire ce que il en pensoit, sinon que il prohiba & defendit entierement & inuiolablement, que nul ne fust si degenerant abastardi de la dignité de nature, humaine, qu'il creust que les ames moureussent quand & le corps, & que le monde se regist sans la prouidence de Dieu pour ceste cause les Vtopiens croyent qu'apres ceste vie, supplices & peines sont deputées aux vices, & remunerations, & establies par icelles vertuz. Ceulx qui croyent l'opposite pour ce que tant depriment la sublime & haultaine de nature de leur ame, la faisant esgale a la vilité

du

du corps beftial, il ne les eftimēt dignes d'eftre
du nôbre de leurs citoyens, ne qui plus eft, du
reng des hommes. Certes fi craincte n'empe-
fchoit ces manieres de gens la, ilz priferoient
autant les ftatutz & forme de viure des aul
tres bons bourgeois qu'vn flocquet de laine,
qui eft ce qui doubte que telz perfonnages
qui font fubiectz & afferuis a leur defir & appetit particulier, & qui n'ont hors les loix aul
cunne craincte de riē, ne nul efpoir apres que
leur corps eft mort, ne s'efforcaffent fi ce n'e-
ftoit ladicte craincte, de fe mocquer & truffer
fecretement par cautelle, & enfraindre par
violence, les publicques côftitutions du pais:
pourtant nul honneur n'eft communicqué de
par les Vtopiens à ceulx qui font de cefte fan
tafie, nulle charge, ne nulle office publicque
ne leur eft baillée, ainfi font ilz vilipendez &
delaiffez ca & la, comme gens pufilanimes &
nonchalantz. Quand au refte on ne les punit
aultrement, pource que les Vtopiens croient
que nul n'a pouoir d'entendre tout ce qu'il
vouldroit bien.

ℂ Mefmes ne les contraignent par menaces
de croire aultrement que ce qui leur vient en
la fantafie, ne de diffimuler leur courage, ilz
veulent qu'vn chafcun exprime ce qu'il penfe
en fon entendement fans faintife de menterie
car vous ne fcariez croire comme ilz hayent
gens diffimulateurs & ypocrites, pour ce que
ce font vrais trompeurs.

M iiii   ℂ Toutesfoys

℄ Touteffoys ilz defendent que telles fortes d'hommes ayantz telles folles opinions ne ayent à en difputer, principalement deuant le peuple, mais deuant les preftres & perfonnages d'authorité à part, ilz ne leur eft permis feulement. Ains les admonneftent de ce faire, foubz efperance que pour l'aduenir leur follie fe tournera à raifon & luy donnera lieu. Il y en a d'aultres qui ne font pas petit nombre, & qui ne pefent malfaire, auxquelz on ne defend(comme fe ilz eftoient fondez en quelque raifon)de parler & difputer, de ce qui procede de leur entendement, & telz perfonnages fouftiennent vne erreur toute contraire aux aultres.

℄ Ilz font d'oppinion que les beftes brutes ayent ames immortelles & eternelles, mais elles ne font a comparer aux noftres en dignité, & fi ne font nées pour auoir felicité & beatitude egalle aux noftres.

⁊℈ Tous les Vtopiens tiennent pour tout certain, que la beatitude des hommes doibt eftre pour l'aduenir fi grande, que quand il fe efchiet que l'vn d'entre eulx vient a eftre malade, iłz

⁊℈ Ilz pleurent & lamentent la malladie, mais de la mort ilz ne f'en marriffent, aulcunnement, finon de ceulx que ilz voyét mourir a grandz regretz, & de ceulx la il en ont vn trefmaulluais prefaige, & y prennent aufsi mauuais figne en iugeant eulx mefmes que

les

les ames de telz personnaiges mourantz en
vis, sont comme desesperes, se môstrantz coul
pables, craignantz le depart, & deuinantz secretement quelles seront punis pour leurs de
lictz.

❧ Dauautaige lesdictz Vtopiens pensent que
l'arriuée de celuz qui est mandé, poussé maugre luy & à force, n est agreable à dieu.

❧ Doncques ceulx qu'on voit mourir de tel
genre de mort, on en a horreur, & sont portez le corps des deffunctz auec tristesse & si-
lence, puis apres auoir prié dieu qu'ilz luy plai
se estre fauorable aux paures ames, & qu'il
vueille doulcemét supporter les imperfectiô
des trespasses, ilz mettent le corps en terre.

❧ Au contraire tous ceulx qui meurent voluntairement, & plains de bon espoir, telz per
sonnaiges ne sont pleurez de personne, mais
en chantant on suit les corps, & par grande af
fection on recommande les ames à dieu, fina-
nalement ilz bruslent lesdictz corps plus reue
ramment que dolentement, & au lieu ilz eri-
gent vne coulonne ou sont grauées les louenges des deffunctz.

✶ Quand ilz sont retournez à la maison ilz tiê
nent propos des actes & bonne conuersation
desdictz defunctz lesquelz n ont rien faict en
leur vie de louable dequoy ilz facent plus de
stime: que de leur mort ioyeuse.

✶ Ilz croyent que telle recordation de bonté
est efficace incitation aux viuantz & indictiô
                                        a vertu,

a vertu, & aussi que tel honneur est tresagrea-
ble aux trespassez, lesquelz comme il^z pensent assistent aux propos qui se tiennent deulx
combien qu'on ne les voie point, pour ce que
les yeulx des hommes ne sont assez subtilz &
aguz pour les contempler.

Lesdictz Vtopiens estiment telles choses
estre certaines, alleguent pour raison quil seroit mal seāt á lestat des biēheurez destre pri-
uez de la liberté d'aller & venir ou il leur plai
roit, & aussi quilz seroient ingratz dauoir to-
tolement delaisse le desir daller veoire leurs a
mis, aux quelz amour mutuel & charite les a
lliez quand il^z viuoient, la quelle charité debueroit ainsi qu'ilz coniecturent estre plus tost
augmentée que diminuée apres la mort en
telz vertueux personnáiges, comme tous
aultres biens se sont multipliez enuers iceulx
apres leur deces.

* Doncques les Vtopiens croient que les
trespassez conuersent auec les viuantz, &
qu'ilz sont contemplateurs de leurs faictz &
dictz.

Pourtantz entreprennent il^z plus hardiment leurs affaires comme si lesdictz trespassez estoient leurs coadiuteurs.

Dauantaige silz auoient proposé de faire
secretement quelque cas qui ne fust honneste
la presence de leurs maieurs defunctz, quilz
pensent tousiours estre auecques eulx les en
garde, & leur donne terreur de cōmetre ledict
affaire

affaire.llz côténent & fe mocquét des deniers
& de telles manieres de gens qui f'adonnét à
vaine fuperftitió,aux quelz les aultres natiós
ont grandement efgardLes Vtopiens ont en
grande reuerence les miracles qui prouien-
nent fans vne atteftation des œuures de dieu
ainfi que fouuent ilz difent aduenir en ce
pais.

꒞ Et fingulierement en chofes haultaines
& doubteufes lefdictz Vtopiens font procef-
fions publicques, & font foigneux de prier
dieu , parquoy impetrent communement
leurs demandes, & la voit on maintz miracles.

꒞ Ilz penfent que ce foit vn cultiuement a-
greable a dieu,de contempler les œuures de
nature,& donner louenge a louurier qui les a
faictes,toutefois il y en a aulcunz entre lefdictz Vtopiens,& non pas petit nombre lefquelz efmeuz de deuotion, contemnent les
lettres,ne f'adonnantz a aulcune fcience,& ne
font oififz toutefois,lefquelz tiennent qu'on
acquiert & merite lon la future beatitude a-
pres la mort par negotiations, trauaulx cor-
porelz,& en faifant plaifir a aultruy par fon
labeur.

✳ Pourtant les vn faplicquent totalement a
feruir les mallades, les aultres font les chemins, curéf les foffez, radoubent les pontz,
fouiffent des mottes de terre,du fablon ou ti-
rent de la pierre.

✳ Abbatent

﹡ Abbatent & demoliſſent des arbres, & les deuiſent. Il y menent en chatrettes du bois, des grains, auſſi aultres choſes aux villes, & ne ſe monſtrent ſeulement ſeruiteurs d'vn chaſcun en publicq, ains auſſi en particulier plus que ſeruiteurs.

﹡ En tous lieux ou il y a quelque ouuraige laborieux, difficile, ou qu'il ne ſoit guerre honneſte, que pluſieurs craignent aſſaillir ou entreprendre pour le trauail qui y giſt, ou pour ce quilz ſont faſchez de metre les mains pour la vilité de la beſongne, ou pour autant quilz ne penſent en pouoir venir à bout les ſuſdictz en prennent toute la charge ioyeuſement & voluntairement, procurantz que tous ceulx qui ne ſont de leur ſecte viuent en requoy & repos, par leur perpetuel trauail, ou vacquent ſans ceſſe.

﹡ Et pour ceſt affaire ne blaſment la vie des aultres en extollant la leur.

﹡ D'autant plus que ceulx cy ſe monſtrent ſeruiteurs, d'autant plus ſont honorez de tous les aultres Vtopiens.

﹡ Ilz ſont deux ſectes de telz perſonnaiges charitables, l'vne qui ne ſe marie iamais, & qui totalement eſt chaſte.

﹡ Et ne menge de chair, aulcunz d'entre eulx auſſi miſent de viandes de nulles beſtes, & con temnent totalement les deduictz & paſſe temps mondains, comme ſi ce fuſt choſe nuiſible à la vie preſente.

ilz

✳Ilz tendent ſeulement & taſchent a paruenir ala vie future, par veilles, ſueurs, & peines, & ce pendant ſont ioieux, diſpos & deliberez, ſoubz eſpoir d'obtenir en briefz iours, ce quilz deſirent.

✳L'aultre ſecte, qui n'eſt pas moins labourieuſe ſe marie & ne met a meſpris les œuures & ſoulas de mariage, penſantz eſtre obligez à nature, & que leur lignée doibt eſtre vouée & donnée à lutilité & ſeruice du païs.

✳Ceulx cy ne refuſent aulcun plaiſir pourueu quilz ne les retarde de la beſongne & trauail ilz aymét les chairs des beſtes à quatre piedz à ceſte cauſe qu'il leur ſemble que par ceſte viánde ilz en ſoient plus forts & robuſtes à toute beſongne.

✳Les Vtopiens eſtiment que ceulx cy ſont les plus prudentz, & les aultres plus ſainctz & religieux, leſquelz ſilz ſe fondoient en raiſon de ce quilz preferent chaſtete & contience à mariage, & la vie auſtere à la vie ioyeuſe & doulce.

✳Les Vtopiens ſen mocqueroient, mais pour ce quilz diſent quilz le font par deuotion, ilz les louent & ont en grande reuerence. Ilz ſe gardent ſoigneuſement de parler indiſcretement d'aulcune religion.

✳Les Vtopiens en leur langue nomment telles ſortes de gens deuötz Buthreſques, que nous pouons interpreter en francoys Religieux

✳ Ilz ont pareillement des prestres d'excelle
te saincteté,& n'en ont gueres ,si qu'en chacune ville ny en a poinct pl⁹ de treze, & autãt
deglises. Et quãd on va a lagurre on en mene
sept de chacune ville auec la gendarmerie,&
ce pendant on en met sept aultres a leur lieu.
✳ Et quand ceulx qui ont esté a la guerre sont
reuenuz on les remet chacun en sa place.
✳ Ceulx qui estoient substituz on les establit
auec leuesques,iusques a ce quil y en ayt sept
deçedez,puis leur succedent par ordre.
✳ De ces treize prestres que iay dict il y en a
vn qui est superieur comme nous disons vn e-
uesque. Lesdictz prestres,s'eslisent par le peuple,en chambre secretemét en la maniere des
aultres officiers, pour euiter les faueurs, &
quand ilz sont esleuz leur communite ou col-
leige les consacre.
✳ Ilz ont la charge des choses diuines,sont soi
gneux de faire garder la religion chacun en
droict soy,& aussy de corriger & reformer les
meurs.
✳ Les Vtopiens estiment chose bien honteu-
se quand quelqu'vn est faict venir par deuant
lesdictz prestres,pensantz que ledict personnaige est peu homme de bien & mal viuant.
✳ Ainsi comme c'est l'office des prestres d'ad
monnester & adhorter le peuple,aussi est cela
charge du prince & des aultres officiers deni-
prisonner & punir les malfaicteurs.
✳ Dauantaige les prestres ont ceste puissance
                                        d'interdire

d'interdire dentrer a l'eglife & fe trouuer aux
fecrifice, principalement ceulx quilz treuuent
obftinez & endurciz a tout mal, & n'ya peine
de quoy les Vtopiēs ayent plusgrāde horreur.
Quand aulcunz font en ceft eftat, ilz font en
la plus grande infamie quilz feroient eftre, &
leur confcience eft merueilleufement agitée,
comme penfantz eftre damnez, mefmes leur
corps n'eft gueres affeure, car filz, ne viennēt
foudain par deuers les preftres pour receuoir
penitence, la court les faiſt prendre, & les pu-
nift de leur infidelite.
* Les preftres ont le foing dinftruire & endo-
ſtriner les enfantz & aultres ieunes gens, &
leur monftrent premierement a bien viure,
que de les enfeigner aux lettres. Ilz font gran
dement foigneux de dreffer les efpritz des ieu
nes enfantz ce pendant quilz font tendres &
faciles, & les induire a bons iugement, & droi
ſtes opinions, vtiles & fruſtueufes a la confer
uation de leur republicq. Car quand telles opi
nions ont prins leur fiege au cerueau defdiſtz
ieunes enfantz, croyez que quand font parue
nuz en aage dhomme les retiennét, & mefme
tant quilz viuent. Dauantaige lefdiſtz bons iu
gementz apportent geand emolument a gar
der leftat du bien commun, qui facilement de
chiet & faneantift par vices qui proſedent de
peruerfes opinions.
* Les preftres font mariez aux plus appa-
rentes femmes & excellentes de tout le
peuple

peuple, si icelles d'aduenture n'estoient en lestat de pbresstrise.

✳ Certes ce sexe la n'est point exclus & exépt
de ceste dignité, mais on n'en eslist guieres.

✳ Encores fault il que ce soient femmes, veuf
ues, & quelles soient desia aagées.

✳ On ne parte hôneur a officier nul plus grád
qua vn pbrestre, en sorte que si les pbrestres
auoient commis quelque crime, nulle court
ńen a la cognoissance

✳ On en laisse faire a dieu & a ceulx ilz estimét
ńestre licite de toucher de main mortelle vn
pbrestre quelque criminel quil soit sur peine
dexcommunication, considéré quil est dedié
a dieu par maniere si excellente & singue
liere.

✳ Et coustume leur est dautant plus aysée à
obseruer, pour ce quil ont en ce pais tant peu
de pbrestres: & daduantaige les eslisent auec
grand soing & diligence.

✳ Certes souuent il naduient pas quvn pbrestre qui est entre les bons chcoisi pour le meil
lieur, & qui pour sa seule vertu est sublimé &
esleué a si grande dignité, se tourne à vice, &
quil se desine enbonnes moeurs, pour suiure la
voye de delict.

✳ Et sil aduenoit ainsi, comme la nature des
hommes est muable, encore ne debueroit on
craindre quilz sceussent faire guieres de dõ-
maige à la republicque, pour ce quilz sont si
petit nõbre, & puis ilz nõt aulcune puissance
fors

fors l'honneur qu'on leur faict. Et la raifon
pourquoy les Vtopiens ont fi peu de preftres,
c'eft que fi la dignité facerdotalle à la quelle
ilz ont fi grande reuerence, eftoit commu-
nicquée & diftribuée à plufieurs, on n'en tien-
droit pas fi grand compte.

¶Auffi ilz penfent quil eft bien difficile d'en
trouuer beaucoup de fi vertueux, quilz puiffent eftre idoines & capables d'obtenir cefte
dignité, a la quelle exercer il ne fuffift pas eftre
moïennent garny de vertuz.

✳Lefdictz preftres ne font pas en moindre respect
chez les eftrangiers, qu'en leur pais & dont
procede cela il eft apparét que c'eft pour leurs
vertuz.

✳Quand les Vtopiens ordonnent leurs bendes pour guerroier, les preftres fe mettent à
part non pas gueres loing du Conflict, tous à
génoux, reueftuz de leurs ornementz facrez,
& les mains tendues au ciel, deuãt toutes chofes priét a dieu quil luy plaife enuoyer la paix,
puis demandent victoré pour leurs gens, mais
qu'icelles victoire ne fe face par l'effufion du
fang ne de l'vn, ne de lautre party. Quãd leur
cheualerie obtient la victoire, ilz courent au
cõflict, & la gardét dexercer cruaulté & meurtres enuers les vaincuz. Ceulx qui font en danger de mort, filz peuent vne fois veoir lefdictz
preftres & les nómer, ilz font fauluez. L'atou-
chemét de leurs larges & plantureufes robes
preferuét tous aultres biés & richeffes de tout

N　　　oultrage

oultraige de guerre,de quoy toutes natiõs les
ont a si grande estimation & honneur,que biẽ
souuent ont esté cause non seulement de pre-
seruer leurs exercites de fureur des ennemyz,
ainsjaussi les ennemis du danger de leurs ostz.
Il est tout manifeste que quelque fois on à veu
leurs soudartz mis en roupte,hors de tout espoir,tournant le dos pour fuir,les ennemys
encharnez sus eulx,pour les piller & occir,
Mais pour la venue desdictz prestres qui se
mettoient entre les deux gẽdarmeries,la bou
cherie cessoit,la meslée se rompoit & la paix
se faisoit.
★ Certes il né fust iamais peuple si cruel,inhu
main & Barbare,enuers lequel Le corps desdictz prestres ne fust tenu,comme sainct,sacré
& inuiolable.Touchant leurs festes,ilz solem
nisét le premier & dernier iour de chacũ mois
aussi de chacũ an,lequel ilz parlét & deuisent
par mois finissentz par le circuit de chacune
lvne,comme lan finit quand le soleil à faict so

Comme
font leurs
eglises.

cours,le long dudict an tous les premiers
iours,desdictes festes ilz les nomment en leur
langue Cynemernes,& les derniers Trape-
merues,qui valent autant comme premieres
festes & dernieres festes.
ℭ Les eglises en ce lieu sont fort belles,ou il
ya bien de louuraige,amples & spatieuses &
contenantes grand nombre de peuple,ce qui
estoit necessaire de faire,pour quen Vtopie il
ya peu de temples,toutefois sont vn petit ob-
scurs,non pas que la chose ayt esté faicte par
ignorance

ignorãce & faulte dedifier, mais ilz difent que
ce fuſt par le conſeil des preſtres eſtantz doppinion que la trop grande clairté faiſoit vaguer les penſées & reſpandre cã & la, mais la
moienne lueur les reſerroit & augmentoit la
deuotion.

* Et pour ce que tous nont vñ meſme cultiue
ment & vne meſme religion, comme ſay dict
deuant ce neanmoins toutes les formes & ma
nietes de ladicte religiõ, iacoit ce quelles ſoiét
diuerſes & differantes communément, comme en vne fin quand au cultiuement & adora
tion de diuine nature, ceſtadire que combien
que les Vtopiés ſoiét differét en leur maniere
dadorer, car les vnz adorét le ſoleil, les aultres
la lvne & choſes ſemblables, nõobſtant péſent
que ce quilz adorent, eſt dieu, & eſt leur inten
tion, en ce faiſant de faire honneur a leternel
& ſouuerain qui a créé toutes choſes, mais ne
ſcaiuent qui il eſt.

* On ne voit rien, & noyt on dedans leſdictes egliſes, qui ne ſoit veu quadrer & eſtre cõ
forme à toutes leurs manieres dadorer dieu,
en commun.

* Si quelque ſecte a vn ſacrifice à faire en par
ticulier, on le faict chacun en ſa maiſon

* Les ſacrifices publicques ſe font en tel ordre & police, quilz ne deroguent aulcunemét
aux ſacrifices particuliers.

* En leurs temples on ni veoit imaige
nul

N ii

nul,affin qu'vn chacun soit libre & franc de
concepuoir en son entendement leffigie de
dieu telle quil luy plaira. Ilz niñuocquét point
de non de dieu aultre que Mythra, tous lap-
pellent ainsi en commun. Par ce mot la tous
vñanimēt concordent & conuiennent à cognoistre vne nature de diuine maieste quicon
que elle soit. Ilz naprehendent & concoipuét
en leur entendemēt aulcunes prierres,quil ne
soit loisible à vn chacun de les prononcer sans
offencer leur secte. Doncques se treuuent ilz
au temple aux iours quilz appellent derniers
festes,a heure de soir encore a ieun,pour rendre graces a dieu de lan & moys eureusement
passé,du quel ceste feste est le dernier iour. Le
iour dapres,quilz appellent premiere feste ilz
sassemblent au matin es eglises priantz dieu
que lan, ou mois ensuiuantz ou ilz commen-
cent ceste feste,leur soit prospere.

¶ Aux derniers festes,ancois que les femmes
ailent au temple, se iectent aux pied de leurs
mariz , & les enfantz deuant leurs peres
& meres à genoux, confessantz auoir failly & nauoix pas bien faict leur debuoir enuers
eulx.

¶ Ainsi demandent ilz pardon de loffense
si que si daduenture ilz auoient eu quelque
haine ou discord ensemble,ilz la departent en
ce poinct,affin que dvn cœur pur,serain &net
ilz assistent aux sacrifices.

¶ Ce nest pas tour dhomme de bien, de se
trouuer

trouuer le iour de la fefte à leglife, & auoir
quelque trouble & inimitié contre fon prochain, pourtant les Vtopiens ne fingerent iamais de fe prefenter à leglife le iour, defdictes
feftes filz fentent auoir le cœur gros dire ou ra
cune a lencontre de quelcun, que premierement ne foient reconciliez, & que leur coura
ge ne font purgé & nettoie, craignantz que di
eu ne les puniffent griefuement pour leurs de
lictz.

Quand ilz viennent a leglife, les hómes fe
mettent au cofté dextre, & les femmes a
part a feneftre, & feftabliffent, en forte que
tous les enfantz mafles de chacune maifon
font deuant le pere de famille, les filles deuãt
la mere.

Ainfi met on ordre & arroy, affin que ceulx
qui ont la charge dinftruire & endoctriner
lefdictz enfantz en leurs maifons, pareillemét
quand font dehors ayent efgard à leurs geftes
contenances & maniere de leglife.

Samblablement lefdictz Vtopiens font foi
gneux en ces lieux facrez de mefler & ioing
dre vn ieune enfant auec vn plus aagé, de
crainate que fi on donnoit charge d'vn enfant
à vn aultre d'aage efgal, ilz n'abuzaffent l'vn
l'autre & paffaffent le temps a folies pueriles,
lors quilz deueroient feruir à dieu, eftre en dé
uotion, & concepuoir vn efmouuement & in
flammation aux vertuz.

Les Vtopiens en leurs facrifices ne tuent iã

mais befte, pour ce quilz penfent que la diuine clemence ne fi refiouit de fang, boucheries
& occifions, laquelle à eflargi la vie à cefte
raifon aux beftes, affin quelles vefcuffent, &
non quelles fuffent tuées.

℀ Ilz font facrifice à dieu d'encens & aultres
odeurs, Dauantaige portent force de cier-
ges & chandelles, non pourtant quilz ne fa-
chent bien que cela n'apporté profift à dieu,
non plus que les prieres des hommes, mais ilz
font d'opponion que cefte forme de l adorrer
auec telles odeurs & lumieres, qui ne font
nuifables à rien, luy plaift, auffi que par telles cerimonies les hommes fe fentent aulcunement efleuez en deuotion, & plus ioyeux
& deliberez au cultiuement de luy.

⁊ Quand le peuple va le iour de fefte à l'e-
glife, il f'acouftre tout de blanc.

℀ Les preftres fe veftent d'ornementz de diuerfes couleurs, qui font faictz de forte &
ouuraige merueilleux, d'vne matiere non pas
beaucoup pretieufe, ilz ne font tiffuz de fil
d' or, ny entrelaffez de pierres pretieu-
fes.

✳ Mais de diuerfes plumes d'oifeaux tant ic
liment & auec fi grand artifice aornent, que
la valeur & eftimation de mille matiere, fuft
elle d'or, ou d'argent ou de foye, n'eft à equi-
parer audict ouurage.

✳ D'auantaige en ces pennes & plumes d'oifeaux, & en certain ordre & reng d'icelles dot
les

les acouftrementz des preftres font mefpar-
tiz & deuifez,les Vtopiens difent que quelques fecretz mifteres y font comprins, defquelz quand ilz cognoiffent l'interpretation,
qui leur eft declarée par les preftres,font ad-
monneftez & acertenez des biens que dieu
leur a faictz,& comme ilz/doibuent aymer,
honorer & reuerer de leur cofté ,& faire plaifir les vnz aux aultres. Auffi toft que le preftre
part de la fecretainerie,& qu'il f'offre ainfi re-
ueftu defdictz ornementz,tout le peuple foudain fe iecte contre terre par réuerence, en fi
profunde & belle filence de tous coftez , que
telle apparence & maniere de faire dóne quelque terreur & craincté,quafi commé fi aulcune deité y fuft prefenté.

Or quand ilz ont quelque peu demouré
contre terre,le preftre leur dónne figne, lors
fe lieuent,& chantent, quelques caticques en
lhonneur de dieu,quilz entremeflent dinftru-
mentz muficaulx,bien d'aultre forte que nous
ne voións faire en noz regions. Ainfi cóme en
leur muficq ilz vfent de plufieurs chátz qui en
doulceur furpaffent de beaucoup noftre vfaige,auffi faident ilz de plufieurs facons,qui ne
doibuent eftre comparées aux noftres.

Mais fans doubte ilz nous furmontent grandement dvne chofe:ceft que toute leur mufic
que qui fe chante par orgues ou aultres inftru-
métz,ou par voix humaine,imitte & exprime
tant bien les paffions naturelles, le fon eft
tant proprement accommodé à la matiere

N iiii foit

soit l'oraison depreçatiue, ioyeuse, mitigatiue,
ou contenant quelque trouble, dueuil & cour
roux, la sorte & forme de leur melodie don
ne tant bien a entendre la chose de quoy ilz
chantent quelle esmeut merueilleusement pe
netre & enflamme les cœurs des auditeurs.

A la fin le prestre & le peuple sout solem-
nelles prieres, si bien ordonnées, que ce que
tous ensemble recitent, vn chacun deulx le
pourroit referer a soy en particulier.

en ces oraisons la vn chacun recognoist dieu
comme autheur de la creation & gouuerne-
ment du monde, & consequenment de tous
aultres biens.

✳ Aussi luy rend graces des bien faictz receuz
& specialement que par la faueur diceluy crea
teur est escheu en vne republicque tant eureu
se & fortunée, pereillement quil est paruenu
en vne religiõ quil espere estre tresueritable.

En quoy sil erre, & sil y en a qlques aultres
meilleures, & que dieu approuue plus, il prie
que sa bõté face, quil en ayt la cognoissance &
quilest prest &appareillé de suiuir le chacũ de
quelque costéq ce soit, ou il se plaict acõduire
& diriger. Mais si ceste forme & maniere de re
publicq quil tiẽt est bõne, & sa religiõ, droicte
quil luy donne grace de perseuerer en icelles
& estre constant, & pareillement quil veuille
guider les autres mortelz tous, a ces mesmes
constitutiõs, meurs, loix, coustumes:

&en

& en ceſte meſme opinion & iugement d'ainſi adorer ſi ce n'eſt ſon plaiſir qu'on le reuere
& honore en diuerſes ſortes.

❧ Finalement il prie que quãd il ſera mort,
à la departie dieu le veuille recepuoir ſans l'eſ
conduire,& que de l'imiter le temps toſt ou
tard,il n'eſt aſſez hardi d'en faire requeſte. Iacoit ce que moyennant que ſa maieſté fut of-
fenſée,il y ſeroit bien plus agreable de parue
nir par mort laborieuſe & penible en ſon pa
radis,que d'eſtre detenu plus longuement en
ceſte vie mortelle , combien que le cours en
fut tresheureux & proſpere.

❧ Ces oraiſons là miſes à fin,de rechief les
Vtopiens ſ'enclinent contre terre, & toſt a
pres ſe ſourdent & ſ'en vont diſner puis apres
diſner le demeurant du iour ſe parfaict en
ieux & exercices de guerre.

❧ Ie vous ay deſcript le plus veritablemēt
que i'ay peu la ſorte & maniere de ceſte repu
blicque des vtopiens,laquelle i'eſtime & croy
n'eſtre ſeulement tresbonne ,mais ſeule qui
doibue de droict l'attribuer le nom de repu
blicque.Chez toutes les aultres nations , on
parle aſſez de l'utilité publicque, mais ce
pendant on ne penſe que de ſon bien en parti
culier.

❧ En vtopie ou il n'y a rien particulier, to
tallement le peuple eſt attentif aux negoces
publicques, qui eſt vn bien à vn chaſcun en
commun & en priué,aux aultres regions, qui
eſt

eſt celui qui ne cognoiſſe, que ſi vn perſonnage ne penſe de ſoy particulierement, il pourra mourir de faim, & fuſt la republicque la
plus opulente & fleuriſſante du monde, parquoy neceſſité le contrainct d'auoir plus toſt
eſgard de ſoy, que d'aultruy.

Au contraire en Vtopie, ou toutes choſes
ſont communes à tous, nul ne doubte, que neceſſité aduienne a quelqu'vn en particulier,
(moyennant qu'on face ſon debuoir, que les
guarniers publicques ſoient remplis de ce qui
apartient a la vie)les biens ſe portét en ce lieu
bien equitablement & iuſtement, & ſil né
y a poinct en Vtopie de pauures ne de mendians.

Et comme ainſi ſoit que nul perſonnage
ne poſſede rien, toutesfoys tous ſont riches.

Eſt il plus grande richeſſe, que tout ſoul-
ci totallement mis hors & ſeclus, viure ioyeuſement & paiſiblement? n'eſtre en eſmoy &
crainctе de ſon boire & menger n'eſtre vexé
& tormenté des demandes plainctiues de ſa
femme, ne craindre pour l'aduenir que pauureté eſchieſſe à ſes enfantz, n'eſtre en detreſ-
ſe & anxieté du douaire de ſes filles, & ne penſer d'acquerir des biens pour les marier, mais
eſtre aſſeuré de felicité & viures, pour ſoy,
pour tous ſes parentz & amis, ſa femme, enfantz, filz de ſes enfantz, & vne longue genea-
logie dequoy les gentilz hommes font tant
de cas.

C'eſt

☾ C'eſt grand' choſe qu'on ne pêſe pas moins
de ceulx qui maintenant ſont foibles & impo
tentz , leſquelz ont le temps paſſé trauaille
& laboure, que de ceulx qui à ceſte heure be
ſongnent.

☜ J'aymeroys bien que quelqu'vn ſe o-
ſaſt enhardir de comparer la iuſtice que font
les aultres nations à l'equité des Vtopiens,
chez leſquelles ie puiſſe mourir ſi i'ay trouué
aulcunne trace ne apparence de vray legiti-
me droiĉt.

☜ Mais quelle iuſtice eſt ce , qu'on veoit
quelque gentilhomme, quelque orfebure,ou
quelque vſurier , ou aultres qui totallement
ne font rien,ou ce qu'ilz font eſt de ceſte ſorte,qu'il n'eſt pas grandement neceſſaire à l'v-
tilité de la republicque, mener ſi grande vo-
gue, & viure ſi magnificquement d'oyſiueté,
ou d'vne negotiation ſuperflue & vaine , veu
que ce pendant vn pauure ſeruiteur, vn char-
retier, vn mareſchal, vn maſſon , vn charpen-
tier, vn manouurier & vn laboureur ont leur
vie ſi pauuremẽt, & ſont toutz ſi mal traiĉtez
(cõbien qu'ilz ſoyent en trauaille ſi grand &
aſſidu)qu'vn cheual ſeroit bien laſſé d'en ſouſtenir autant, & eſt leur labeur ſi neceſſaire
qu'vne republicque ne pourroit durer vn an
ſans eulx.

☜ Parquoy me ſembleroit que les cheuaulx auroient meilleur temps que n'ont pas
telles manieres de pauures ouuriers, pour ce
qu'ilz

qu'ilz n'ont pas peine si continue, & leur viure
n'est gueres moins bon, & mengent de meilleur appetit.

》 D'aduantage ne font en foulci pour l'aduenir dequoy ilz viuront.

》 L'abeur sterile & peine infructueuse tor
mente & poingt lesdictes pauures personnes
a l'heure, & la recordation & souuenance de
leur pauureté aduenir en viellesse les tue, pour
ce que leurs gagnes iournelles font si petites,
qu'a grand peine en viuent ilz pour le iour,
parquoy ne peut rien demeurer de superabõ
dant pour subuenir à leur viellesse.

》 Ceste republicque la n'est elle pas bien
iniuste & ingrate d'octroyer tant de dons &
biens par prodigalité, à gens qui se disent nobles, a orfebures, & aulx aultres de ceste sor
te, ou à personnages oisifz, ou à flateurs, & ou
uriers de vaines voluptez, & au contraire ne
tenir compte, & pauurement traicter labou
reurs, charbonniers, seruiteurs, charretiers,
charpentiers, mareschaulx & aultres de sem
blable estat? Et apres que ladicte republicque
à abusé des trauaulx & labeurs d'iceulx ce pẽ
dant qu'ilz estoient en fleur d'aage.

＊ Quand sont deuenuz vieulx & maladifz, se
monstrant ingratissime les recompésé de pau
ureté, en les laissant mourir miserablement
de faim, metãt en oubli tant de vieilles sueurs
peines, & tant de plaisirs qu'ilz luy on faict en
temps, qu'est ce a dite que les riches de iour
en

en iour contreroulent le falaire qu'vn pauure
ouurier peut gaigner pour fa iournée, le retrē
chent,& y practiquent, non feulemēt par frau
de particuliere, mais par loix & ordonnances
publicques, en forte que ce qui fembloit le
temps paffe iniufte de recompenfer mal ceulx
qui faifoient tout plein de plaifirs à la republicque, les fufdictz riches hommes, ont tour
né le fueillet, gafte & depraue lefdictes bōnes
opinions, & ont volu tenir que telle iniuftice
eftoit iuftice, & en ont promulgué ordonnances & ftatutz.

¶ Parquoy quand ie penfe à toutes ces repu
blicques , qu'on dit pour le iourdhui eftre en
maintz lieux fleuriffantes & opulentes, rien ne
me femble aultre chofe (ou ainfi dieu ne puif
fe aymer) qu'vne aliance & vnanimité de riches gens , qui foubz couleur d'eftre affem
blez pour regir le bien publicq̄, penfent feulé
ment de leur proffit priué, excogitent, & inuē
tent toutes les manieres & fineffes commē
ilz pourroient garder & retenir les biēs qu'ilz
ont amaffez par faulx artz, fans crainte de les
perdre, & qu'ilz en acquierent d'aultres qui
ne leur couftent gueres par le labeur & trauail de tous les pauures, & qu'ilz abufent def
dictz pauures, depuis que cefte tourbe de riches ont eftably que telles tromperies & de
ceptions foyent obferuées au nom de republicque, & mefmes au nom des pauures qu
font comprins en cefte dicte republicque, lefdictes

dictes inuentions paſſent & ſont reputées cōme loix & les biens qui euſſent peu ſuffire à
nourrir & entretenir eulx & les pouures enſemble, ce gros hurous, ou ny giſt gueres de
bonté, les ont partis entre eulx par vne con-
uoitiſé & auarice inſatiable, ô combien telles
manieres de gens ſont eſlongnez de la republicque heureuſe des Vtopiens, de laquelle
eſt retrenchée vne infinité & monceau innum
brable d'ennemis & faſcheries, & vne ſemen-
ce de vices totallemēt arrachée, pource qu'ilz
ont oſte toute auidité de pecune, & l'vſaige
aufsi d'icelle de leurdict republicque.

℃ Qui eſt celuy qui ignore, que quand pecune
ſeroit miſe hors de la fantaſie des hommes, &
qu'elle ſeroit totalement contennée & deſpri-
ſée, que pareillemēt ne fuſſent abolis & ancā-
tis fraudes, larcins, rapines, proces, tumultes,
noiſes, ſeditions, meurtres, trahiſons & empoi
ſonnemētz, qui ſont punis par quotidiens ſup
plices, plus toſt que refrenez, pareillement ſi
l'vſaige de l'argent eſtoit delaiſſe, qui eſt ce
qui doubte qu'a ce meſme inſtēt ne fuſſent pe
ris & mortz craindes, ſolicitudes ſoulcis, labeurs, veilles, & pauuretez, qui eſt veue ſeule
auoir indigence de pecune, mais croyez que
ſi ladicte pecune eſtoit hors du penſemēt
des hommes, pauureté ſeroit ſoubdain diminuée.

℃ Et pour en donner la preuue plus clairement penſe à par toy & conſidere vne année
de ſterilité

de sterilité, en laquelle est aduenu que dix mil
le personnes sont mortz de faim, ie gage qu'a
la fin de ceste indigéce & cherté, qui eust vou
lu ouurir les guarniers des riches qu'on eust
trouué autant de grains qu'on eust peu distri-
buer & eslargir à ceulx qui sont mortz en pau
ureté , & personne ne se fut senti de ceste
escharcete de biens procedant de quelque
vice d'air, & imperfection de la terre.

¶ Certes vn chascun viuroit bien ayséement,   *Irrision.*
si ce n'estoit ceste benoiste saincte pecune, que
on dict qui fut trouuée, affin que plus facile
ment on eut acces aux viures par icelle, mais
c'est celle qui nous clost les chemins , & nous
trenche lesdictz viures.]

¶ Ie ne doubte poinct que les riches mesmes
ne sachent & entendent bien , que l'estat seroit meilleur, & qu'il vauldroit mieulx n'auoir
d'effaulte des choses qui sont necessaires à la
vie humaine, q d'abóder en plusieurs biens su
perfluz, & qu'il seroit trop plus conuenable au
requoy & tranquillité des hommes, d'estre
exempté & deliuré d'une infinité de maulx,
qu'estre enuironné de grandes opulences &
richesses.

✱   Ie ne doubte poinct que l'esgrrd d'vn
chascun à son proffit, ou l'authorité de Iesus
Christ nostre saulueur) qui par sa grande sa-
gesse ne pouoit ignorer ce qui estoit trescom
mode aux mortelz, ne pour sa grande & parfaicte bonté ce dequoy il est plain ne eust sceu
conseiller

✝ —— inter nos sanctissima divitiarum
Majestas ; etsi funesta pecunia templo
Nondum habites. —— Juv. Sat. 1.

çôfeiller chofe qui n'euft efté trefbône) n'euft
defia aiféement attiré tout le monde aux loix
de cefte republicque Vtopienne, fi cefte feu
le befte orgueil, qui eft prince & pere de tous
aultres vices n'y refiftoit.

✱ Ceftui prend fa felicité, & exalté fon eftat,
non point de fes profficfz, mais des incommo
ditez d'aultruy, il ne vouldroit obtenir la pla
ce d'vn dieu, pour eftre priué de la dominatiô
fur les pauures miferables , lefquelz il tient
foubz fon empire, & fe mocque d'iceulx, affin
que fa felicité, quand à la comparaifon des mi
feres & calamitez des pauures, foit plus exaul
fés, & en plus grande magnificence, & apres
auoir mis au vent fes richeffes, il tormente &
mette en detreffe les indigentz pour leur de
faulte & neceffité.

✱ Ce ferpent infernal, pource qu'il eft fi a-
uant fichées es penfées des hommes , qu'il
n'en peult eftre aiféement eflongné & arra-
ché, tient lé fiege en cê lieu , affin que les hu
mains ne puiffent eflire meilleure voie , & lés
retardé ainfi que le poiffon nommé remora,
qui detient & targe les nauires à fon plaifir.
Ie fuis ioyeulx que cefte maniere de républic
que laquelle ie defire a toutes aultres nations
& eft efcheue aux Vtopiens, qui ont enfuiuy
fi bonne forme de viure, par laquelle ilz ont
fi bien fondé leur republicque, & fi heureufe
ment, qu'elle fera perdurable, ainfi qu'en peu
uent deuiner les hommes par coniecture hu
                                        maine

humaine. Puis que le vice d'ambition auec les
aultres que i'ay deuãt dictz, font forclos d'Vto
pie, il ne fault poiñt craindre qu'entre les citoyens il fourde quelque difcord. Certes am
bition à efte caufe de la perdition de maintes
villes opulentes, & trefbien munies. Puyfque
concorde y regne auec bonnes meurs prinfes
& entretenues par cõfeil & raifon, croiez que
l'enuie de tous les princes voifins, qui y ont
cuidé faire entrée, en ont efté repoulfé, ne
pouuãt metre en defarroy ne troubler l'empire
Vtopien. Aprefque raphaël eut recité ces ma
tieres, Iaçoit ce que maintes chofes me vinf-
fent en la memoire, qui me fembloyent bien
mal eftablies, quãd aux meurs & loix de ce
peuple Vtopicque, & fpecialemẽt de leur ma
niere de faire la guerre, touchant auffi leurs fa
crifices & religion, & aultres ftatutz de quoy
ilz yfent, pareillement de ce qu'ilz viuent en
commun, fans aulcun commerce & traphic-
que de pecune, (qui eft le plus principal fon-
demẽt de toute leur inftitution) fans l'ufaige
de laquelle pecune toute nobleffe, magnificẽ
ce, dignité, gloire & maiefté, qui font les vrayz
ornementz, l'embelliffemẽt & l'honneur d'u
ne republicque, felon la commune opinion.
¶ Toutefois pour ce que ie cognoiffois que le
dict Raphaël eftoit las de deuifer & compofer
de cefte Ifle Vtopienne, & auffi ie n'auois pas
l'experience, fil euft voulu endurer qu'on euft
difputé contre fes propos, & fpecialemẽt l'a-
                    O   uois

uoys encore recordatiõ qu'aulcũz auoiẽt estẽ
reprins de luy a ceste cause, quilz craignoient
quasi, qu'ilz ne fuffent estimez assez saiges.
Comme il disoit silz n'euffent trouue quelque
chose, en quoy euffent peu confuter les inuen
tions des aultres pourtant apres auoit loué la
doctrine & enseignement des Vtopiens, & ex
tollé sa harengue ie le print par la main & le
mené souper dens mon logis luy disant que
nous aurions vne aultre foys loisir & opportu
nité de penser plus profondement de ces mes
mes choses, & d'en cõferer ensemble plus lar
gement, que pleust a dieu que quelque fois le
cas aduint. Or comme ie ne puis me cõsen
tir a toutes les choses qui furent dictes de ce
personnaige, combien qu'il fust sans cõtrouer
se & different scauantissime, & fort expert aux
affaires humainnes, ainsi ie cõfesse facilemẽt q
beaucoup de cas sont en la republicque des
Vtopiens que ie desirerois plus vrayement é-
stre en noz villes de pardeca, que ie n'espere,
roys.

FIN DV SECOND ET
DERNIER LIVRE.

Cy fine le deuis &

propos dapres difner, de Raphael Hythlodeus, touchant les loix & meurs
de l'Ifle d'Vtopie, qui n'eft encore àgue
res de gens congneue, mis en elegance
latine par illuftre, trefdocte, bien renô-
mé perfonnaige le feigneur Thomas
Morus Chancelier d'Angleterre,
& tourné en langue Fran-
çoyfe par maiftre
Iehan Le
Blond.

Efpoir en mieulx

O ii

N E SOIS OFFENCE
amy lecteur, si en ceste mes_
me petite tradiction, tu trouues oultre les loix & reigles
de tourner quelque oeuure,
que iaye aulcunefois vsé de
Paraphrases. Ie lay faict pour rendre les senté
ces de lautheur plus intelligibles. Et'consequemment si en traduisant i'ay ramené en no
stre visage fräcois certains termes infrequëtz
On ne se doibt mal contenter si vn personnai
ge faict renaistre &reduit en cours quelques
vocables trouuez en autheurs Idoines, & sil
sefforce donner nouueaulté aux parolles an-
ciénes, & ne souffre totalemét perir les motz
qui par la coulpe des temps sont tournez en
desacoustumance. En sorte qué si nous n'vsiós
que de termes vulgaires & communz à chascun, nostre langue nen enrichiroit d'vn flocquet, & fauldroit tousiours faire comme les ta
bellions & notaires, qui en leurs actes ne chä
gent ne ne muent de stille.

S'enſuit la table

des matieres contenuzen ce premier & ſecód
liure de la deſcription del'Iſle d' V
topie & premieremét.

O iiii   Il exprime

Table.

                      Vtopie

                                       L'utilité

Table.

                                             Les

Comme

La

Table.

Des mala-

Table.

Fin des tables du premier & fecond liure
de la defcription de l'Ifle d'Vtopie.

Faultes

Faultes furuenues a l'impreſſion.

Fueillet	Faultes	Liſez
F 3 R°.	frequentatiã	frequentatiõ
18	que	ne ✳
22 verſo	ligue	ligne
23 R°	ſi	ſi
25 R°	rounera	tournera
41 R°	infidelemēt	indifferãmēt
49 R°	loſſice	l'office
eodem v°	cheuent	cherchēt
eodem v°	preſent	priſent
eodem v°	miont	n'ont
50 R eꝰ	le commence	ſe commēce
eodem v°	villes vluent	villes ne
eodem R°	diuers	dinées
52 verſo	tandre	taindre
58	volupre	volupté
59	contentent	contemnēt ✳
eodem R°	inuitateur	imitateur
73 R°	ſublecte	ſubiecte
eodem r°	ſe la	ſi la
97 recto	victore	victoire
99 recto	odre	ordre
100 verſo	pierres	prieres
101 Recto	quad	quand
eodem verſo	moutir	mourir
103 verſo	four	ſont
104	gtrde	garde ✳
79 verſo	dacquite	d'equité
80 verſo	promeſſe	proueſſe

✳ F I N.

VERTV・OLIA・

AMOVR・

LEVR・DVNG・

ANGES

B.B.

Charles l'Ange-
lier.

(Paris 30 juin 1758.)